COMO VIAJAR **SOZINHO** EM TEMPOS DE **CRISE**
financeira & existencial

HERMÉS GALVÃO

financeira & existencial

1ª edição

2016

CIP-BRASIL. CATALOGAÇÃO NA PUBLICAÇÃO
SINDICATO NACIONAL DOS EDITORES DE LIVROS, RJ

G171c Galvão, Hermés
Como viajar sozinho em tempos de crise financeira e existencial / Hermés Galvão. – 1ª ed. – Rio de Janeiro: Record, 2016.
il.

ISBN 978-85-01-10646-9

1. Viagens. 2. Politicamente incorreto. I. Título.

16-29911

CDD: 338.4791
CDU: 338.48

Copyright © Hermés Galvão, 2016

Todos os direitos reservados. Proibida a reprodução, armazenamento ou transmissão de partes deste livro, através de quaisquer meios, sem prévia autorização por escrito.

Texto revisado segundo o novo Acordo Ortográfico da Língua Portuguesa.

Direitos exclusivos desta edição reservados pela
EDITORA RECORD LTDA.
Rua Argentina, 171 – Rio de Janeiro, RJ – 20921-380 – Tel.: (21) 2585-2000.

Impresso no Brasil

ISBN 978-85-01-10646-9

Seja um leitor preferencial Record.
Cadastre-se e receba informações sobre nossos lançamentos e nossas promoções.

EDITORA AFILIADA

Atendimento e venda direta ao leitor:
mdireto@record.com.br ou (21) 2585-2002.

Sumário

Introdução   7

1. Antes só que mal acompanhado: das vantagens de viajar sem companhia   15
2. Aeroporto, o portal do inferno   21
3. Foi com medo de avião...   35
4. Hotel, uma cama, um bom chuveiro e nada mais   49
5. Brasileiros, ame-os e deixe-os   55
6. Asiáticos: plano de fuga   63
7. No restaurante, mesa para um   71
8. Arte, esse obscuro objeto de desejo (só que não)   79
9. Pesos e medidas, compras! Da perdição à falta de noção   85
10. Viagem mística, sacrifício e renúncia: entre a cruz e a caldeira   89
11. Redes sociais: fatos e fotos, sexo casual, amizades e chuva de likes   97
12. Dicas finais, economias e saídas pela tangente   101

Introdução

Viajar é uma arte, concordam de filósofos a corretores de câmbio, muito embora a ideia que se faça de viagem como exercício de inspiração e contemplação tenha perdido, se não a força, muito de sua cor original. Sinal dos tempos, diriam os conformistas; final dos tempos, dizem os elitistas. Fato é que o ato de viajar tem sido uma experiência cada vez mais desconfortável; o trâmite, a locomoção, a estadia. E todo o circo está armado para extrair o seu dinheiro da pior maneira possível, oferecendo a comida mais intragável, a roupa mais execrável, lembrancinhas made in China, programações e roteiros arrastados que mostram o lado menos interessante de uma cidade, ao passo que seus moradores têm buscado, em seu próprio território, cada vez mais esconderijos antituristas à prova de guias, pacotes e, claro, blogueiras.

Vivemos longe, a pelo menos 10 horas, de qualquer lugar minimamente diferente de nossa rotina, e viajar para nós tem um caráter não só de lazer, mas de conquista e investimento. Talvez por isso passemos boa parte do tempo planejando demais a viagem dos sonhos, esperando a hora e a companhia certas para chegar ao lugar ideal, na melhor época, com algum dinheiro sobrando e, sim, na hora em que a companhia aérea decide trocar nossas milhas por uma passagem, como se fizesse um grande favor. E tudo quase sempre parcelado, acompanhado de grupos, excursões ou geralmente a dois, seja em lua de mel ou na amizade — que muitas vezes acaba depois de uma viagem; afinal, quando estamos fora de casa, somos a mais pura e dolorosa verdade de nós mesmos.

Por que não viajar sozinho e na dureza? Por que deixar de ver o que acontece lá fora quando tudo aqui dentro está mais desordenado que o Galeão, e a conta bancária mais magra que modelo de propaganda de calcinha? Não sei os outros, mas nós, brasileiros, odiamos viajar a sós e detestamos a ideia de não comprar loucamente no exterior. Aliás, não suportamos a ideia de ficarmos a sós com nós mesmos por muito tempo, seja em casa ou longe dela. Não é da nossa, vamos dizer, cultura contemplar a vida sem estar ao lado de alguém, por pior que possa ser — antes só que mal acompanhado é lindo de se ouvir, mas a regra não se aplica por aqui. Há exceções? Sim, e este livro é inspirado nelas e dedicado aos que (ainda) não tiveram a chance/coragem de se jogar no mundo sem medo de ser infeliz.

Viajar sozinho em tempos de crise financeira e existencial pode ser um santo remédio. Você está solto no mundo, 11 mil metros acima do seu lugar-comum. Ao seu redor, nada é familiar, a não ser o sotaque do passageiro ao lado e seu barulho de abrir e fechar as sacolas plásticas no compasso de uma respiração ofegante. Voar, voar, subir, subir, partir, sair. Ainda assim, não se desespere, comemore! Viajar sozinho é a melhor das experiências que se pode ter em vida, melhor até que a paternidade ou a maternidade, já que você nunca se sentirá culpado por deixar alguém — quer dizer, abandonar alguém — em casa. Sem culpa, sem pressa, sem eira, nem beira, livre e de preferência leve. Você não está perdido, mas em busca de você mesmo.

Não saber onde estamos, e saber que onde estamos não passamos de meros desconhecidos, é das sensações mais libertárias que se tem em vida. Uma anarquia existencial que poucos (vai entender) se atrevem a experimentar, não me pergunte por qual motivo — até porque não está em questão analisar e avaliar aqui o perfil do turista brasileiro comum, este ser que, mais do que qualquer outro no mundo, tem uma exótica predileção por andar em bando para encontrar o mesmo bando nas mesmas bandas de sempre. Depois dos chineses, claro.

(Nota do autor escrita pelo autor mesmo para evitar patrulhas ideológicas:) Por favor, compreendam por comum o que poderia ser igualmente chamado de normal, habitual, não por isso menor ou pior — apenas diferente. Posso prosseguir com meu raciocínio? O livro pretende ser uma lista de "dos and don'ts" ou um guia com dicas para você aproveitar ao máximo o roteiro montado pela agência, cujo programa contempla 25 cidades em doze dias (imagino que muitas só devem ser vistas da janela do ônibus, umas num piscar de olhos e outras entre um café de posto de gasolina e um croissant de supermercado). Baseado em fatos reais e experiências pessoais, o livro é um, digamos, manual de sobrevivência e "autoaturação" para viajantes desacompanhados e não necessariamente solitários. Sabemos a diferença entre solidão e solitude, portanto estar com alguém ou sem ninguém, fora de casa ou do lado da cama, é muito mais uma questão existencial do que presencial, certo? Então espero que você, leitor, já tenha entendido o recado nessas poucas linhas que antecedem o primeiro capítulo — tratei de ser o mais sucinto possível para que você embarque nessa comigo ou largue este livro com a mesma ferocidade que os carregadores de malas jogam a sua bagagem na esteira do aeroporto de Guarulhos.

A Danuza Leão não gosta mais de viajar por causa de gente como a gente, entende? Reclama que suas malas surradas da Louis Vuitton (quanto mais velha, mais chique, você sabe) desaparecem diante das tinindo de novas da mesma marca comprada pela brasileira que costuma(va) ler seus textos sobre ah, Paris, achando que Paris (ainda) é a oitava maravilha do mundo. Desculpe, Danuza, o mundo mudou, Paris mudou — e talvez tenha acabado. Quer dizer, acabou-se a época em que Paris e o mundo eram maiores e mais distantes do bolso do homem comum, daquela classe média que no tempo do onça, *circa* 1950 ou 1960, economizava para tirar um fim de semana tomando água gasosa em Caxambu. Tenho certeza de que era melhor, mais vazio, menos cafona, mais barato, mais tudo. Mas já era. Sempre teremos Paris? Talvez, mas quem teremos?

Sim, o mundo está lotado, Paris e Londres, Nova York e Roma estão apinhadas de pessoas que nem de longe, muito menos de perto, lembram as das fotografias presas aos bistrôs e sebos das cidades mais visitadas do mundo, onde outrora circularam pensadores, boêmios, escritores, pintores, enfim. Outros tempos, outros personagens. Hoje temos blogueiras, instagrameiras, rameiras (muitas!), excursões inteiras, é gente saindo pelo ladrão, pelo buraco do metrô, pelo olho da fechadura. Não cabe, e ser mais um no meio da multidão pode ser uma experiência genuinamente claustrofóbica. A boa notícia é que existe, sim, um plano de fuga, pois o ser humano regrediu, também, no quesito lazer. E passou a viajar na pior época, se locomovendo na mesma direção e ao mesmo tempo, entupindo hotéis e restaurantes. A razão é genuinamente contemporânea: ver e ser visto — afinal, de que vale torrar uma nota preta naquele vinho nhe-nhe-nhem longe do campo de visão? Tem que ir junto, ficar no mesmo lugar, tirar a mesma foto, dividir as mesmas opiniões sobre tudo, comprar as mesmas roupas e voltar para casa, na mesma cidade, para se encontrar de novo e relembrar as mesmas opiniões, vestir as mesmas roupas e combinar de voltar, o mesmo grupo, para a mesma cidade. Assim caminha a humanidade, que desaprendeu a diferença entre ser turista e ser viajante (existe e é brutal), e é à custa de uma nova demanda que o turismo vem sobrevivendo e ganhando muito bem, obrigado, e deixando tudo a desejar — só que eles estão felizes, os excursionistas, os casais. Não importa comer mal, dormir mal, afinal estão de férias, longe de casa, e nada pode estressar, nem uma fatia de quiche borrachuda a 6 euros.

Não se trata de um livro de exceções, nem para você se sentir exclusivo ou se excluir. Não é um tratado sociológico, tampouco um manifesto versatilista, mas um apanhado de histórias e vivências baseadas em experiências reais de quem nunca abriu um guia na vida — e que já viajou com todo tipo de gente, amigos que se tornaram ex-amigos, namorados que viraram sapos antes de irem pro brejo, até decidir, por bem, que viajar sozinho é a melhor solução. Não me excluo nem tomo distanciamento a ponto de isolar-me da verdadeira identidade nossa, falo de dentro pra fora e me livro, assim, da primeira mania horrível: de tentar ser outra coisa. Apenas fujo porque não viajo para ver e viver as mesmas sensações — já bastam os gritos e batucadas que ouço diariamente na janela de minha casa, não preciso (mesmo) dividir o espaço aéreo ou nenhuma fronteira internacional com quem vai ao museu vestindo a camisa do seu time de coração.

Se algo de ruim acontecer, viaje para esquecer.
Se nada acontecer, viaje para que algo aconteça.
Rachel de Queiroz disse certa vez que a gente nasce e morre só e que talvez por isso mesmo precisávamos tanto de viver acompanhados. Pablo Picasso falava que sem a solidão não se podia fazer nada. Bem, ficamos com Picasso, pelo conjunto da obra. Boa leitura.

1

Antes só que mal acompanhado: das vantagens de viajar sem companhia

Você está solto, acredito que sua ficha já tenha caído a essa altura. E sem toda aquela grana que costumava gastar em viagens para o exterior na companhia de amigos do mercado financeiro que torram um carro usado num jantar razoável, de familiares em férias sem limite e de paixões recém--criadas na sua cabeça avoada. Ah, sim, a essa altura você já mandou o chefe e o proprietário do seu apartamento para longe do seu campo de visão e o(a)(os)(as) namorado(a)(os)(as) para o quinto dos infernos. Bem-vindo ao mundo dos solitários. Ou melhor: dos livros. Sim, você está LIVRE!

Então pegue o primeiro avião, reze para não se sentar ao lado de crianças, adolescentes, gordos demais, bêbados e senhoras falantes, e vá com tudo. Vá porque, se ficar é pior, imagina se aturar quando o mundo que você construiu ou imaginou parece desabar ou te entediar profundamente em sua rotina enfadonha? E para que esperar alguém na mesma situação que você para dar as mãos e se jogar no precipício do mundo?

Na hora do aperto é cada um por si; coloque a máscara de oxigênio primeiro em você e se sobrar um pouco de ar passe adiante. Vão te chamar de perdido, claro, mas o que procuramos por aí senão a felicidade? Ok, frase tirada de algum livro de autoajuda, mas é isso aí. Não deixe de ir por simplesmente (ok, não tão simplesmente assim) estar sem companhia e sem grana. Vá. E, se você ainda tem fé, vá com Deus. E mais ninguém.

* * *

Pessoas (acredito que nós um pouco mais que os outros, pois tudo dentro da gente é hiperbólico, superlativo, exagerado, barulhento) se excitam além da conta quando viajam: falam mais alto, bebem mais, comem mais, gastam tudo; enfim, vivem intensamente o presente a ponto do esgotamento físico e financeiro. Em casa, parecem preocupadas demais com o futuro, presas no passado, de olho na vida alheia, estacionadas em sua rotina local. Nada programado, estudado; é natural, instintivo.

Mas longe de casa podemos ser mais, ser nós mesmos, sem disfarces, sem amarras, códigos de conduta, etiqueta. Somos mais felizes (ou pelo menos mais sinceros) longe da consultora de moda que diz o que é certo vestir, da vizinha que reclama do cheiro de incenso que sai da sala, do pessoal do trabalho, dos moradores do nosso prédio e dos colegas de academia — aliás, para que fazer amizade em academia? Longe de casa, tudo o que fazemos desponta para o anonimato; longe de tudo e de todos, a sós, temos a chance de exorcizar demônios e fazer coisas que até Deus duvida. É mais ou menos como diz o slogan: "O que acontece em Las Vegas fica em Las Vegas."

Enfim, livre para ser quem você de fato é, afinal não tem ninguém (você que pensa) conhecido por perto, observando, apontando, dedurando, criticando, a não ser você mesmo — aliás, o melhor exercício possível quando se viaja sozinho é o da autocrítica e da recapitulação dos momentos anteriores. É uma boa hora para se fazer um balanço de tudo de bom e de ruim que se anda fazendo na vida real — por mais que viajar tenha um quê de ficção, de fuga da realidade, nenhum momento é mais propício para ir ao encontro de uma nova verdade do que numa viagem a sós.

E ser do jeito que se é quando se está sozinho é uma coisa, e uma coisa boa. Agora, aturar alguém do lado sendo aquela pessoa que você jamais imaginou é outra. Viajar acompanhado de amigos, se não for amigo mesmo, daqueles que podem quebrar a sua cara e você retribuir com um beijo de cachorro, pode ser — e muitas vezes é — uma surpresa nada, nada agradável. Aquela amiga fashion minimalista supercool que você sempre invejou pela discrição, pelos modos aristocráticos à mesa e por saber todos os endereços quentes de Marrakesh e Istambul na verdade é uma maluca dos infernos com TOC, que tem mania de secar o banheiro inteiro depois do banho (não é mentira) e vive entrando em lojas de produtos de beleza para pegar amostras grátis. Ou pior: seu companheiro de viagem é do tipo que viaja com malas gigantes, inchadas, com o zíper à beira de um colapso. Pega mal, ok?

Você pode aí levantar a sua bandeira de que se dane o que os outros pensam de você e tal, mas anarquia, numa boa? Faça o que quiser, claro, desde que não comprometa o campo de visão alheio, o olfato, a integridade e a paz de espírito dos outros. Viagens são definitivas, podem encerrar amizades e desfazer namoros; também podem estreitar laços de ternura para todo o sempre e fazer você acreditar que felicidade plena só a dois. Mas partimos do princípio de que não. Agora você está sozinho, na contramão dos guias de viagem, sem muito dinheiro no bolso, coração apertado no peito. Fazer o quê? Viver. Viajar.

Mas para onde ir se você está sem rumo? Quando? Bem, desde que na contramão do mundo, qualquer lugar é possível. Nunca, em tempo algum, vá quando todos estiverem de férias. Quer uma mãozinha? Os sites Google Flights e Skyscanner te dão sugestões de roteiros e preços ótimos de passagens. Coloque a data e origem, deixe o destino em branco e espere pelo resultado.

Sozinho você não corre riscos.

2

Aeroporto, o portal do inferno

Por melhor que seja o aeroporto, ele será ruim, sempre ruim. Gente demais, filas demais, policiais demais, tensão no ar antes mesmo de subir aos céus. Toda a cerimônia, do check-in ao embarque, passando, claro, pelo vaivém no Duty Free (aliás, por que chamamos de Free Shop? Só no Brasil temos uma tradução em inglês para um termo em inglês) e inevitavelmente pelas cabines da imigração e pente fino da alfândega. Todo viajante, acima de tudo, é um terrorista ou contrabandista em potencial, (quase) sem distinção de cor, destino, sujeito e credo. Credo!

Claro que voos vindos ou com destino a países do Oriente Médio, África e América do Sul merecem, como dizer, muito mais que um minuto da atenção das autoridades americanas e europeias, mas ainda assim o cerco, até para padres e quakers, delegações esportivas e celebridades (por onde passam os famosos, que a gente nunca vê?), está cada vez mais fechado, o que torna a viagem um pesadelo do qual é difícil acordar. Cansa só de pensar em toda a odisseia, taí um motivo fortíssimo para muita gente deprimida não sair de casa, do conforto e do silêncio propício para a fossa. Para vencer o desafio de ter de lidar com leis e com os outros, vamos às vias de fato a fim de tornar o processo, se não menos doloroso, mais divertido e rápido.

Sabemos que a companhia aérea é de escolha do próprio cliente, portanto dê preferência às empresas do seu país de destino, pois os bons aeroportos têm um terminal exclusivo para elas, onde serviços e horários costumam ser um pouco melhores que nos demais. Quem já viajou pelos terminais 5 e 4 de Heathrow, em Londres, destinados respectivamente aos voos da British Airways e companhias asiáticas e africanas, já sentiu na pele a diferença. Claro que a regra não se aplica a nenhum aeroporto brasileiro, onde todo e qualquer terminal está em estado terminal.

Mesmo que não seja, colocar uma etiqueta de "frágil" faz com que manejem suas malas com mais cuidado — a não ser que elas cheguem no aeroporto de Buenos Aires, onde carregadores praticam a modalidade arremesso de bagagem. Além disso, elas são colocadas no topo da pilha de malas, o que significa que a sua será uma das primeiras a ser colocada na esteira. No Santos Dumont e em Congonhas, por mais frágeis que possam parecer seus pertences, eles serão tratados como entulho.

Na fila de raios X, corra das pessoas mais velhas, das famílias e das mulheres, que ainda fazem questão de viajar com brincos, anéis, pulseiras, a fivela da bota, o broche da calcinha, o DIU... Nelas tudo apita, portanto nada de ficar atrás. Elas podem levar o tempo que você levaria para tomar um banho entre um lado e outro do detector de metais. Homens em viagem de negócios, asiáticos desacompanhados, casais de jovens mochileiros costumam ser velozes e furiosos. Siga-os.

Controle de passaporte

O resto do mundo (e isso inclui a gente, o pessoal de Burkina Faso e a turma de algum Quistão perdido pra lá do Irão) geralmente desembarca no mesmo terminal dos aeroportos, destinado aos voos das companhias em que quase ninguém se atreve a voar, a não ser os passageiros da mesma nacionalidade delas. Sim, a fila da imigração é enorme, demora, é muita pergunta sem resposta certa, diálogos intermináveis (turistas fazem-se impronunciáveis, você sabe).

Ao menor sinal de uma criança por perto, ligue a música no volume máximo do seu fone de ouvido. Se forem duas, ligue a música no volume máximo e faça uma dança solta. Se forem três, chame os pais delas e diga que ouviu uma história de sequestro de menores em banheiros de aeroportos. Se não vingar, transforme-se no velho do saco e suma com elas.

Dicas para passar o tempo:

- Brinque de adivinhar a nacionalidade de cada turista. Quando não está na cara, está no pé. Por exemplo: tênis de corrida = goiano. Crocs = americano e goiano. Havaianas = espanhol. Birkenstock = alemão. Sapatos de bico quadrado = russo e goiano. Sapato de verniz = russo. Sapato de verniz com bico quadrado = russo. Sapato de verniz com bico quadrado e bicolor com fivela e solado duplo com amortecedor = russo e goiano.

- Quando enjoar, brinque de adivinhar qual deles será barrado na imigração. Homens viajando sozinhos são café com leite, assim como africanos e hispânicos em geral.

Pessoas que se arrumam demais para viajar dão a impressão imediata de que são marinheiros de primeira viagem. Autoridades adoram implicar com passageiros de sapatos novos, roupinha pensada, passaporte limpo etc. O controle começa justamente por onde você quer (ou acha que vai) impressionar, portanto nada de querer chamar a atenção justamente na hora em que você menos precisa se destacar no meio da multidão. Querer parecer rico a essa altura do campeonato, quando pega supermal ostentar, é pedir para se aborrecer — fiscais da alfândega amam abrir malas de peruas e magnatas.

Quanto mais molambento, melhor — repare nos escandinavos, sempre com cara + roupa + cheiro de quem acabou de voltar de uma trilha na Lapônia. Quanto menos você se arruma para viajar (a mesma regra vale para sair de casa), mais bem vestido você estará, isto é, mais à vontade e com jeito de quem está superacostumado a rodar por aí. Um bom moletom resolve toda a sua vida.

Chegou a sua vez. Você está sozinho. Se tem menos de 35 anos, prepare-se para a bateria de perguntas esdrúxulas do tipo "quem pagou a sua passagem". Eles esperam que a gente responda o quê? "Ah, foi o traficante lá do bairro" ou "foi um cara que me deu em troca de uns favores sexuais". Se perguntarem quanto você tem de grana para gastar, diga com a cara mais tranquila do mundo: "Não sei, nunca parei para contar dinheiro na vida." E assim é estabelecida a relação entre você, turista e de férias, e ele, trabalhador no recalque.

Multidão, confusão e depressão: voos vindos da África no aeroporto de Lisboa, vindos de Moscou e Mumbai em Heathrow e de Pequim no JFK. Pode apostar: até desembarcar no saguão de saída, você vai levar as mesmas doze horas de que precisou para chegar lá.

Não existe nada mais traumático que o aeroporto de Zurique, onde policiais gritam sem cerimônia nos seus ouvidos, perguntando — como soldados da Gestapo — onde você vai ficar, por quanto tempo e por quê. Bem, não é de se estranhar que o povo encarregado de guardar a fortuna do mundo seja assim, vamos dizer, pouco amistoso.

Alguns voos vindos do Brasil com destino aos Estados Unidos chegam no meio da madrugada, quando os fiscais da aduana ainda estão fora de serviço. Uma beleza a fila de espera que se forma nos arredores das esteiras. Prefira chegar à noite.

Os piores aeroportos do mundo são, sem sombra de dúvida, os brasileiros. O Galeão, com aquelas lanchonetes que vendem biscoito recheado e um rissole assado nos tempos do Concorde, deveria ser implodido. O de Guarulhos, bem, só o trajeto até ele já torna nossa viagem um pesadelo em terra firme. O de Brasília é uma aula de trekking, o de Salvador é uma sessão de bikram yoga, assim como o de Manaus e o de Goiânia, que parecem construídos sobre a cratera de um vulcão ativo.

Os cafés, ah, os cafés... Enquanto em qualquer lugar do mundo você pede cortado, double etc., aqui você precisa implorar: por favor, numa xícara e num pires seco, sem marca de batom. Você sabe me dizer por que nove entre nove lugares no Brasil servem com a xícara embebida em água quente? Eles realmente acham que a gente vai pensar "oh, taí um lugar limpinho onde eu posso tomar minha média tranquilamente". E dois segundos depois uma família de baratas, das francesinhas, passa pelo balcão e, numa visão mais aproximada, ainda acenam para você. E todas as máquinas são desreguladas! Produzimos o melhor café do mundo e servimos o pior. Tem coisa mais brasileira que isso? Tem sim, a Casa do Pão de Queijo, onipresença tão marcante nos aeroportos do país inteiro quanto as malas e lembrancinhas de Romero Britto nas lojas do Free Shop.

* * *

Alguém explica o que a loja "Fátima Rendas" está fazendo no meio da sala de embarque de Congonhas?

* * *

Íris Lettiere, "a voz do aeroporto": claro que qualquer um ao pisar no país entende que "sim, faremos turismo sexual e já podemos começar com a locutora, que deve ser uma gostosa". Mal sabem que Íris é mais antiga que o DC-10.

* * *

Nos aeroportos, procure sempre lanchonetes e cafés de rede que praticam os mesmos preços cobrados fora deles. O padrão se repete, também, na qualidade dos produtos. Então, por exemplo, um café famigerado do Starbucks, seja em Confins ou em Schiphol, vai ter o mesmo sabor (em tese), assim como os sanduíches do McDonald's. Comer em lugares de origem suspeita, cujas filiais se resumem apenas a salões de embarque e saguões, é imoral de ruim, quase ilegal de sujo e engorda só de ver.

Check-in, a última chance

Sua viagem está nas mãos das e dos atendentes, que têm o poder de despachá-lo para a melhor e a pior poltrona do avião; sabem exatamente o número de passageiros a bordo, onde estarão as crianças, os bebês, as excursões, os assentos vagos que no check-in on-line estão sinalizados como ocupados. Como conseguir um desses lugares? Ser amistoso nessas horas é pouco, quase nada; se humilhar é demais — a não ser que toda a fila que se formou à sua frente seja de adolescentes, aí vale chegar até o balcão de joelhos, em autoflagelo, chorando óleo como imagens sacras do interior de São Paulo (aliás, por que as santas nunca dão sinais de força divina em cidade grande?). Busque o caminho do meio na missão de sobreviver ao que pode ser o pior voo da sua vida, afinal a tendência na rotina aeroviária é sempre se superar. Quando você acha que nada pode ser tão ruim quanto uma poltrona no meio da última fileira que não reclina, eis que você descobre que seus dois vizinhos de viagem são, nessa ordem, um gordo falante e uma mulher acompanhada de criança de colo.

Ainda na fila de check-in, mire os atendentes homens e dirija-se a eles sem pensar duas vezes. Geralmente são mais ágeis, amistosos e imparciais, ao passo que mulheres preferem priorizar mães, adolescentes, grupos e idosos. Peça a eles (e não a elas) um lugar melhor para se sentar dizendo com a cara mais triste do mundo que você tem claustrofobia e dificuldades para dormir em espaços muito apertados, que antes de chegar até ali só Deus sabe o que você passou, que sua jornada começou num ônibus numa cidade erma do interior do Espírito Santo, além, claro, de estar passando por uma crise interna sem precedentes na história, daí o motivo de sua viagem. Lembre-se SEMPRE de usar a seu favor o fato de estar desacompanhado — ninguém precisa saber que por opção.

O terminal da KLM do aeroporto de Amsterdã, por exemplo, já não conta com atendentes. Todo o processo é feito individualmente, da emissão do cartão de embarque às etiquetas que serão coladas à mala; portanto, sem contato com humanos, a chance de mudar o roteiro de sua viagem vai a quase zero. Última chance, momentos antes de entrar no avião, procure por algum funcionário da companhia que esteja nos balcões ao lado dos portões de embarque e transforme seu discurso, antes dramático, em tragédia anunciada — afinal, da última vez que você viajou na poltrona do meio e na fileira de trás, teve uma crise de pânico que quase acordou o Eyjafjallajökull. E você, em pleno surto, pode ficar bem violento.

A imigração mexicana tem o poder sobrenatural de ser pior que a nossa. A fila não anda, simplesmente 1/3 dos guichês são ocupados pelos policiais e, sim, eles perguntam o que viemos fazer no país deles — e o que esperam ouvir? Ah, vim porque o México é uma terra de oportunidades e o peso uma moeda fortíssima! Ah, não! Vim porque sonhei com a Chiquinha correndo nua em Cancún.

Se você perde a conexão — e acontece —, eles gentilmente (afinal, companhias aéreas fazem favor e não prestam serviço) irão colocá-lo no próximo voo, cinco horas depois do seu original. Aí, sim, você vai ver toda a maravilha do aeroporto da capital mexicana. Sabe Guarulhos? É pior. Evite toda e qualquer conexão na Cidade do México.

Lounge, passe longe

A convivência com seres humanos no aeroporto pode ser ainda mais desgastante se eles forem da classe executiva. Existe neles um ar de superioridade que, se você está na pior, pode ser o primeiro momento estraga-prazeres da sua viagem. Aquele olhar de "vou dormir o voo inteiro, deitado, e você não" é de matar subitamente. Sim, e dói saber que não seremos prioridade nem quando todo mundo estiver na pior, com o avião em chamas, em queda livre, sequestrado por uma gangue de dançarinas do balé folclórico de Caxias do Sul. É justo aqueles velhos que ganharam a passagem numa rifa entrarem e saírem antes de você? O que passa na cabeça da turma da business é: existe uma cortininha que divide o mundo em duas partes desiguais: e a maioria está no lado de lá, na econômica, no "socó". A desigualdade social do solo se repete em altura de cruzeiro. E, dependendo da nossa autoestima no momento, somos capazes de chorar no ombro da líder da caravana de Marataízes.

Passageiros de business têm salinhas à disposição onde podem relaxar antes do embarque, beber um drink, beliscar, tomar um banho e, dependendo do aeroporto, até fumar um bom cigarro — alguns terminais, os mais civilizados, mesmo fora dos lounges, possuem salas exclusivas para fumo. Fedem horrores, mas vale a pena a tragada. Os aeroportos de Amsterdã e Zurique têm e são ótimos, ao passo que o de Madri, mesmo sem, possui banheiros onde é possível acender um cigarro. Procure pelos toaletes destinados aos deficientes físicos.

Salas de embarque em aeroportos são terra de ninguém, mas isso não deve ser motivo para você fazer delas seu dormitório, nem por uma noite, caso você esteja em conexão e tenha que esperar pelo próximo voo. Ok, você conseguiu uma superpromoção que te fez chegar a Milão às 19h de um dia para seguir às 8h do outro para Istambul pela metade do preço de um voo sem escalas, mas e daí? Vai dormir no chão ou nas cadeiras para que mesmo? Não desperdice seu espírito aventureiro fazendo voto de ~~pobreza~~ dureza, não custa (quase) nada uma noite num muquifinho mais próximo. A cena num aeroporto pela madrugada é desoladora; lojas fechadas, faxineiras tristes arrastando seus rodos pelo chão, aquela luz fria e o ar-condicionado gelado tornando tudo ainda mais deprimente. Fora que o tempo dentro de um aeroporto parece outro, os minutos passam como horas e você ali, sozinho, à espera do seu voo que não chega nunca e assistindo, à míngua, a embarque atrás de embarque e desembarques sucessivos. A sensação de abandono é geral.

Ok, você prefere ficar sem eira nem beira para salvar alguns trocados, então é o seguinte: as cadeiras do aeroporto de Frankfurt são ultraconfortáveis, ao passo que as dos aeroportos americanos parecem desenhadas para faquires. O chão do aeroporto de Paris tem um carpete bem fofo, embora imundo. Já os de Roma e Milão parecem final de show de rock, e o de Buenos Aires vai lembrar, e muito, a rodoviária de São Paulo. Peguei pulga ao deitar no chão do aeroporto de Las Vegas.

3

Foi com medo de avião...

A relação entre as companhias aéreas e os clientes não poderia ser diferente das outras relações entre prestadores de serviço e consumidores, ou seja, atendimento cada vez mais baixo nível e preços cada vez mais exorbitantes. Como se não bastasse, nós, brasileiros, temos um tratamento "diferenciado" por parte das empresas estrangeiras que operam em nossas rodoviárias excelentes instalações aeroportuárias onde a única coisa que sai na hora é o pão de queijo da Casa do Pão de Queijo, presente em nove entre dez salões de embarque do país. Bem, é sabido que as companhias dispensam, melhor dizendo, despacham seus piores aviões e, desconfio, seus piores comissários para baixar em nossas rotas. Não faz muito tempo, acho que em 2013, fiz Rio–Londres com a, glup, impecável British Airways a bordo de um MD-11, praticamente uma Kombi de asas. No ano seguinte, fui do Rio a Lisboa pela TAP (abreviação de Take Another Plane) em um Airbus que, se fôssemos comparar com um computador, seria um PC-386.

Ah, sim, e o menu de filmes nunca corresponde ao que está nas revistas situadas no bolsão à sua frente. Na última linha, um asterisco diz que as atrações, geralmente recém-lançadas no cinema, só estão disponíveis nos voos entre América do Norte e Europa. Aliás, que maravilha cruzar o Atlântico lá em cima! São apenas sete, oito horas de viagem, os aviões decolam tinindo de novo, os comissários lindos e arrumados, com dentição completa, todos incrivelmente simpáticos, passageiros absurdamente silenciosos, poucas crianças a bordo, nenhuma mãe lançando o peito para fora a fim de amamentar o bebê, que chora loucamente. Mães e bebês de colo, assim como crianças muito falantes e adolescentes muito felizes, merecem um lugar só para eles — longe de nós, claro. Já pensaram numa classe exclusiva para elas? Nessa ordem: primeira classe, business, econômica e a delas, "fazer o quê?".

E aquela alegria toda, meu Deus? Canaliza, joga essa energia pra outro lado, ensine desde cedo a seu filho que viajar de avião (a regra vale para trens também; em ônibus vale tudo, quem mandou pegar um?) é o momento mais delicado da vida em sociedade. Estamos no ar, pressurizados, comprimidos, sujeitos a todo tipo de interferência, de um dedetizador antibrasileiro, afinal somos selvagens, a ter de assistir a um filme numa tela quase tão grande quanto a distância entre a sua poltrona e a da frente, que sempre parece reclinar mais que a sua. Mães acham que têm a licença (poética?) para dar de mamar e deixar seu filho berrar. Não, não. Numa boa, eu estou ali, na minha, quieto, lendo ou tentando ler um livro em português de Portugal e lá vem ela de peito aberto. Aí, dona índia, numa boa?

Ah, e muito importante: o odor. Sim, as pessoas têm um cheiro. Umas mais, outras bem mais. E não ligam a mínima se o que exalam ou do que se perfumam pode incomodar quem está perto. Não se trata de certo e errado, isso é coisa de gente velha. A questão é: respiramos o mesmo ar, será que você pode mantê-lo neutro? E, se tratando de alguém com um elixir de Victoria's Secret, não seria o caso de impedir o embarque?

Classe econômica, humilhação e sobrevivência

Ah, a econômica... quanto conforto, quanto espaço, que delícia de refeições!

Eu ainda não sei por que dão as opções *chicken ou pasta* se tudo tem gosto de forno sujo mesmo. Na real, temos, sim, duas escolhas: comer ou não comer. E como estamos a 10, 12 horas de qualquer lugar, não nos resta muito, a não ser engolir, a seco ou com um vinho bem ordinário, o alimento dado de, glup, muito bom grado. Eles, das companhias aéreas, parecem entender que se trata de uma cortesia, afinal mil e tantos dólares de passagem é para pagar o combustível, a plataforma de estacionamento e o salário de fome de seus funcionários. Então reclamar, além de ser perda de tempo, pode colocar a perder o seu plano infalível de dar-se um upgrade sem sair do lugar — se você estiver na janela, então, aí é que não sai mesmo. Lembre-se: procure sempre sentar no corredor e nas fileiras onde há apenas duas poltronas. A chance de viajar ao lado de famílias diminui, assim como seu ir e vir para uma simples ida ao banheiro ou até a cozinha para pegar um copo d'água (isso eles ainda não tiraram do serviço de bordo).

Longas viagens na classe econômica são uma prova cabal de resistência humana, afinal a experiência de viajar enlatado em menos de 1 metro quadrado, entre a sua poltrona e a do viajante à frente, que vai reclinar a dele antes mesmo da decolagem, pode ser similar aos treinos de sobrevivência na selva praticados pelo exército norte-coreano.

Como transformar seu assento e seu espaço na econômica dignos de business? A luta por 10 centímetros a mais pode parecer pouco, mas 12 horas depois de afivelar os cintos você vai agradecer cada milímetro conquistado. Primeiramente, escolha embarcar às terças e quartas, quando os voos são mais vazios. E, antes de viajar, acompanhe o status do seu voo no site da companhia aérea e veja quais assentos já estão ocupados — se já estiver lotado, corra e garanta um lugar na penúltima fileira, os últimos a serem reservados: as chances de você viajar sem ninguém ao lado e à frente aumentam consideravelmente. Outra: ao fazer o check-in on-line, procure pelas fileiras onde uma das extremidades já esteja ocupada e reserve a da outra ponta — a chance de ninguém ir no meio é grande, a não ser que você esteja indo para Orlando. Bem, mas se você resolveu ir para Orlando é porque pouco está ligando se vai viajar sentado, em pé, de cócoras ou no compartimento acima da sua cabeça, certo?

Seja o último a embarcar, assim você consegue ter uma noção mais, digamos, ampla da "crasse" econômica. Viu um espaço vazio? Corre para lá. Viu crianças e adolescentes? Corra deles.

O café da manhã da American Airlines merece uma menção (des)honrosa: no voo Rio–Nova York, eles servem um pão francês dormidíssimo, duro, com um stick de queijo no meio. Para acompanhar, suco de laranja quente e café no melhor estilo água no fundo da cafeteira. Obrigado, American Airlines, por mais uma demonstração de carinho.

O almoço da israelense El Al faz o melhor estilo "esta pode ser a sua última ceia". Servem, e muito bem, homus e pão sírio fresco, vinho kosher, doce de tâmaras e um café que parece saído de uma déli mineira de beira de estrada.

E vamos ao upgrade: ao efetuar a compra e o check-in pela internet, vá diretamente ao campo de especificações de sua viagem e peça que sua refeição seja kosher, hallal, vegetariano ou, sei lá, cápsulas da Nasa, mas não deixe para trás a chance de melhorar a qualidade do seu "prato". Com isso, você já se livra do catering presidiário oferecido pelas companhias aéreas, além de ser o primeiro a ser servido e, com sorte, de uma maneira mais polida por parte dos comissários — eles vão achar que você é religioso ou dono de saúde frágil, mas ainda assim não espere da parte deles nenhum tipo de compaixão. Comissários são militarmente treinados para tratar os passageiros, da econômica, claro, como bichos peçonhentos. E não dá para dizer que somos tratados como cão. Caso você veja alguém na rua tratando cães como comissários nos tratam, por favor, denuncie à Sociedade Protetora dos Animais.

E, por falar em animais, nossa fama de turistas selvagens se concretiza na hora em que uma voz, falando um português pior que o do Claude Troisgros, anuncia que é chegada a hora de dedetizar a aeronave com aquele spray, um veneno antipobreza e repelente de doenças altamente contagiosas que eles devem achar que são transmitidas pelo aperto de mão e por um olhar mais incisivo. Tudo "de acordo com as normas daquele país". É, eles têm normas. E cumprem. E a gente, que não tem norma para nada, fica sentado à espera de uma borrifada do aerossol que irá nos higienizar para, enfim, chegar ao "primeiro" mundo sem representar um risco para a sociedade — nessas horas, juro que adoraria saber que um sueco a caminho de casa andou pisando no interior do Paraguai com suas botas de design moderno e levou para a asséptica Estocolmo um pouquinho do solo aftoso de Ciudad del Este. Nessas horas também fecho os olhos e me imagino com aquele pequeno spray na mão passando sobre o uniforme daquele comissário que não vê banho desde a extinção da companhia aérea McDonnell Douglas ou sobre o cabelo mais armado que terrorista da aeromoça da TAM que até hoje não aprendeu a falar inglês. Aliás, o que é a pronúncia dos comissários brasileiros? Tem pior? Tem, das comissárias italianas.

Outra maneira muito eficaz de garantir um upgrade é usando seu poder de sedução bem baratinho e brasileiro para conseguir algumas regalias oferecidas somente aos passageiros da business. Curto e grosso: dê em cima da tripulação sem culpa, sem medo, é open bar na certa. Comissários são quase sempre gays, comissárias são quase sempre solteiras. Mesmo não sendo gays ou solteiras, ambos estão sozinhos, longe de casa, assim como você. E como ninguém está vendo... na madrugada, vale até uma visitinha nos fundos do avião. O que você não faz pra subir na vida, ainda mais nas alturas, não é mesmo? Não? Ah, desculpe, esqueci que você era romântico e católico. E, como estamos 11 mil metros acima do baixo nível da nossa cidade, talvez se sinta mais perto de Deus. E Deus tá vendo... Bem, nesse caso, volte para sua poltrona 78G e boa viagem. Aproveite o sufoco, o cansaço e faça aqueles exercícios recomendados por eles. Não é nada, não é nada, numa dessas você evita uma trombose.

* * *

A Gol deveria ser proibida de se autointitular linhas aéreas inteligentes. Quer dizer, espertos eles são. Burro é quem paga.

* * *

Seja o passageiro que dorme ou o que fica quieto. Puxar assunto com quem está na poltrona ao lado pra quê?

* * *

Comprar o que no Free Shop do avião, meu Deus?

* * *

Por que tem gente que entra no avião e procura seu assento ainda na executiva, fazendo cara de que pertence àquela classe, mas que no bilhete consta um 48J?

* * *

Easyjet. *Easy* pra quem? Você sai de casa com duas malas de 32 quilos (sim, eu sei, você viaja com mala vazia pra comprar tudo; e não tratemos dessa questão agora), depois precisa resumir em 23 e depois condensar numa de 10. Isso não é desapego, é negligência. Fora que Easy deixa de ser *easy* quando qualquer regra é violada. Basta 1 centímetro a mais na sua mala e cada centavo da sua economia em passagens vai por terra. Quer dizer, vai pelos ares. Ah, sei lá, vai por água abaixo. Você entendeu. A regra vale para TODAS as empresas que se autodenominam "low cost". Basta burlar uma regra que você viaja enlatado pagando preço de primeira classe. Evite-as o máximo que puder, caso não seja do tipo que viaja praticamente com a roupa do corpo e um laptop — MacBook Air, de preferência.

Brasileiros ainda acham que avião é luxo e que devemos ser tratados com mordomia quando estamos no ar. Não. Avião é apenas meio de transporte, assim como comissário não é garçom. Então, que tal a TAM parar de estender aquele tapete vermelho para os passageiros? Nada pode ser mais inverossímil que desembarcar no aeroporto de Manaus pisando naquele carpete de poliuretano puído e encardido.

A maioria dos comissários de bordo odeia a gente, mas a recíproca é verdadeira. Depois de tanto implorar por um vinho ruim a mais, reclamar a ponto de chorar do assento flutuante que vive solto, esperar por um simples olhar de compreensão ao me ver sentado na 85H ao lado de um lutador de sumô, cheguei a algumas conclusões inconclusivas que podem, ou não, ajudar você, amigo passageiro, na escolha da próxima companhia aérea.

Mal-humoradas:

- British Airways (Reino Unido)
- Alitalia (Itália)
- Air France (França)

Barangas:

- TAP (Portugal)
- TAM (Brasil)
- LAN (Chile)

Descabeladas:

- Gol (Brasil)
- Easyjet (Reino Unido)
- Copa Airlines (Panamá)

Mal-humoradas, barangas e descabeladas:

- Todas as companhias americanas
- Iberia (Espanha)
- Aerolíneas Argentinas (Argentina)

Arrumadinhas:

- Azul (Brasil)
- Emirates (Emirados Árabes)
- Air China (China)

Para casar:

- KLM (Holanda)
- Virgin Atlantic (Reino Unido)
- Qantas (Austrália)

Gente boa:

- El Al (Israel)
- AeroMexico (México)
- Finnair (Finlândia)

Mais gatas:

- SAS (Escandinávia)
- Turkish Airlines (Turquia)
- Air New Zealand (Nova Zelândia)

Eficientes:

- Etihad (Emirados Árabes)
- Korean (Coreia do Sul)
- Cathay Pacific (Hong Kong)

Frias:

- Swiss (Suíça)
- Lufthansa (Alemanha)
- ANA (Japão)

Que relincham:

- Ryanair (Irlanda)
- Aeroflot (Rússia)
- Vueling (Espanha)

Corajosas:

- Malaysia Airlines (Malásia)
- Cubana de Aviación (Cuba)
- SpiceJet (Índia)

As melhores

- Varig (*in memoriam*)
- Pan Am (*in memoriam*)

Piores voos

- Qualquer um para a Rússia com russos.
- Orlando, com toda a patota de pateta a caminho da Disney (nunca se ouviu tamanha sinfonia de sacolas plásticas abrindo e fechando nos compartimentos superiores).

- Toronto, com alunos de intercâmbio batucando no encosto da sua poltrona.
- Madri, com todas as travestis e seus perfumes mais doces que oferenda para erê.
- Tel-Aviv. Agentes do Mossad vão te virar do avesso duas vezes antes de deixarem você entrar no avião. E, ao chegar ao aeroporto, em Israel, prepare-se para mais uma sessão de interrogatórios. Vale a pena? Vale.
- Todos que sobrevoam a Indonésia. Vai que cai?

... Agora que são elas!

Os piores passageiros segundo as comissárias de bordo

- Brasília
- Fortaleza
- Recife

Os melhores

- Porto Alegre

Os mais barulhentos

- Rio de Janeiro
- Salvador

Os mais metidos a besta

- São Paulo

Os mais carregados de sacola

- Goiânia
- Manaus

4

Hotel, uma cama, um bom chuveiro e nada mais

Você já deve ter ouvido alguém da sua família, sei lá, seu tio de Itu, dizer que não vale a pena pagar caro em hotel; afinal, para que dormir em euro ou dólar? Concordemos com ele, mas por outras razões, que dinheiro gasto em hospedagem é (quase) desperdício, uma vez que a ideia para quem viaja sozinho é sair pela rua em busca de algo (ou alguém) que desvirtue a atenção para outra coisa além do próprio ego inflado ou ferido. Em crise existencial e financeira, nada pode ser pior que ficar a sós num quarto de hotel, por melhor que ele seja. Quer dizer, se for muito, muito bom, a depressão passa na hora — ou não, afinal um cinco estrelas pode ser a chave da fossa passada a euforia da estadia: feito o check-out, você volta à rotina e lembra que sua cama é uma tábua de passar roupa, seu chuveiro é uma goteira e seus lençóis, lixa de unha.

A mesma sensação vale para hotéis boutique, pensados friamente para te deixar desconfortável, confuso e, claro, se sentindo a mais excluída das criaturas. Quanto mais eles tentam nos convencer de que somos únicos por estar ali, mais excluídos daquele mundo a gente se sente. Afinal, nada nem ninguém está ali para te fazer, de fato, acreditar estar em casa, confortável, relax. Todo mundo faz cara de paisagem quando te vê; do lobby ao restaurante, tudo conspira contra o seu bem-estar. Fora o olhar fuzilante, ora invejoso, ora desdenhoso, e o serviço meio que atravessado de concierge e garçons, arrumadeiras e recepcionistas, que acham que quem merecia ser servido eram eles e não você, afinal todo o staff de um hotel boutique é formado por futuros atores e artistas plásticos ainda não descobertos e que no passado, você há de ver, vão voltar ali na condição de hóspedes e se vingar de todo mundo que um dia os tratou como serventes.

Ah, sim, o ambiente do hotel boutique é um convite ao Rivotril gotas. O lounge e o LED, a luz âmbar do elevador onde os andares são acionados por sensores de calor, os corredores em breu que te fazem tropeçar em coisas, pessoas e objetos de antiguidade colocados estrategicamente na sua passagem para dar uma quebrada na aura contemporânea do espaço, a música cool em volume quase inaudível, um ruído que vai até o fundo do ouvido e volta e ainda assim você demora para decifrar a letra. Pouco tempo depois, a resposta de sempre: "Aganju", da Bebel Gilberto.

E, no quarto, atenção — quer dizer, a tensão: tudo de convencional, simples, é descartado. Desde uma simples fechadura até a pia, tudo é subvertido em desafios de entendimento graças às criações de designers que deveriam facilitar a nossa vida em nome da simplicidade dos costumes — isso sim é evolução, o resto é Moscou e Vila Nova Conceição. Aquela boa e velha poltrona jogada na quina, aquela feita sob medida para jogarmos a roupa depois de um dia inteiro na rua, em hotel boutique é cadeira de acrílico cujo assento só comporta bunda de modelo. Para enlouquecer de vez: o banheiro e a famosa ducha mistério, cuja torneira é disfarçada de saboneteira e com a qual você sempre perde uns bons minutos tentando entender para que lado gira e, pior, de onde vem a água. Claro que seus comandos serão errados e, assim, o primeiro jato, geladíssimo, naturalmente, irá diretamente para o seu peito quentinho — uma solução fria e calculista planejada pelo designer e muito bem executada pelas arrumadeiras. Ah, e tem a pia, acionada com duas palmas e um duplo mortal carpado em direção a Meca (quer dizer, ao Marais), e seu formato quadrado, onde você escova os dentes e vê a espuma e o resto todo jamais irem pelo ralo, ao contrário do seu dinheiro.

Albergues podem ser uma saída, mesmo abarrotados de mochileiros que parecem estar na troca de pelos quando resolvem tomar banho — lembre-se de que, na maioria dos hostels, o banheiro é coletivo. E sabemos que banheiros são indivisíveis, a não ser em começo de namoro ou casamento em que as duas partes já se acomodaram com tudo na vida, inclusive com a distância do próximo. Falando neles (nos albergues, mas a regra também vale para casais felizes da porta para fora), jamais confie nas fotos e nas propagandas. As aparências enganam: ao vivo e em cores nada é como você imagina. Ao escolher um albergue, por mais que a gente saiba que ficar num é pura falta de opção, prefira os que têm, ao menos, quartos individuais — ou você não conhece o poder destruidor da palmilha de um All Star velho? Minimize seu estado de isolamento checando se, no mínimo, o albergue em questão tem wi-fi. Se funciona bem, aí são outros quinhentos. E, se você não tem nem 50, qualquer acesso discado já é lucro!

Airbnb é a chave do sucesso. Com sorte, inclusive, ao alugar um quarto ou até um sofá, quem sabe você não ganha um upgrade e vai parar na cama do(a) dono(a) da casa? Acontece. Antes de escolher onde ficar, naturalmente dê uma lida nos reviews dos hóspedes anteriores e, claro, repare na cara do proprietário da casa.

Ok, digamos que você esteja um grau acima do nível de dureza extrema e já tenha dinheiro para se hospedar e não apenas se jogar numa horizontal ao lado de pessoas com quem em tempo algum você dividiria sequer um banco de ônibus. Os hotéis de rede, tipo Ibis e Mercure, costumam oferecer preços tão atrativos quanto... bem, quanto coisa nenhuma. Invariavelmente eles estão localizados em regiões pouco inspiradoras para uma viagem de renascimento e reorganização de seu eu interior como pessoa em fase de recuperação do amor-próprio, perto dos aeroportos, subúrbios, do centro da cidade (e todo centro de qualquer cidade é uma tristeza) ou às margens de alguma autopista que parece levar todo mundo para o Eldorado — menos você. Isso sem falar na decoração contagiante de cada um dos quinhentos quartos (sim, a experiência de se hospedar num hotel desses é a mesma de um papel sendo arquivado numa gaveta do Fórum), onde sua mala, se aberta, fecha a porta do banheiro. E o banheiro sempre alaga. Que parece pensada friamente para ninguém passar do terceiro dia ou do primeiro minuto depois de feito o check-out. Deve ser qualquer coisa de cromoterapia, sei lá, mas aquele bege da parede, combinado com a luz fria que sai de uma luminária "descolada" de acrílico, desenhada por alguma estudante de arquitetura da Uni-Duni-Tê, é a visão da solidão com vista para o frigobar — que aliás, quando tem, é recheado de barrinha de cereal, amendoim e um biscoito que lembra queijo antes de expirar a validade. Sim, comida de pássaro, afinal é bom lembrar que você está empoleirado e não hospedado. Mas tudo bem, a diária custa a metade da sua consulta com o analista e, quem sabe, entre os 1.500 hóspedes, você não encontra alguém perdido no corredor, à procura do quarto 749, e de repente, ah, sei lá, rola algo na escada? E, por falar em escada, sempre que se hospedar em hotéis de rede, peça os andares mais baixos, que te afastam dos elevadores (que demoram uma eternidade) e assim do convívio íntimo com hóspedes. Escada é sempre a melhor saída — desde a Idade Média.

5

Brasileiros, ame-os e deixe-os

Fugir de brasileiros é a melhor diversão. Fora de casa, os ânimos de nossa gente ficam (ainda mais, acredite) exaltados, e qualquer, mas qualquer coisinha, é motivo para puxar conversa. A demora na fila da imigração, o cheiro de naftalina do casaco da mulher da fila de trás, o DDT que os comissários de bordo da Air France pulverizam na nossa cara antes de decolar (por que eles não fazem isso no sovaco deles antes?), enfim... Mas assim: eu sou brasileiro e isso é a única coisa que temos em comum, o que me faz acreditar piamente que não é o bastante para começarmos qualquer tipo de conversa, muito menos pegar intimidade. O fato de estar sozinho não quer dizer, mesmo, que eu estou carente, e não é pelo fato de falarmos a mesma língua que eu realmente preciso trocar um dedo de prosa com você. Conversa fiada é um produto 100% nacional — os internacionais acreditam, e estão certos, que papo furado é perda de tempo. Ok, um passatempo. Prefira ler um livro, sei lá; se não tiver um à mão, ensaie uma dança, abra um espacate, mas não fale comigo — nem somente o indispensável.

Brasileiros são altamente reconhecíveis longe de casa e a distância. Não pela cara, pois podemos variar do mais loiro albino ao mais ebâneo dos negros ou o mais coreano dos chineses. O que nos difere do resto do mundo é o nosso, bem, o nosso jeitinho de ser e de se vestir. Por exemplo: camisa de time. Quem, além de nós, leva na mala a camisa do time do coração? Rubro-negro sai na rua de qualquer lugar achando que Flamengo é nação reconhecida pela ONU. Também somos reconhecíveis pelo pé. Mais do que qualquer outro turista, o brasileiro não sai do hotel sem o seu tênis de corrida, colorido, com amortecedor, para andar — caminhadas, por mais longas que sejam, não configuram ginástica ou exercício de alto impacto; portanto, qual a razão de usar um troço feio daqueles? É mais confortável? É, mas é feio. Em casos mais extremos, podemos ser vistos, além da camisa do time, com gorro e cachecol que parecem comprados na feirinha de Caxambu e usados quando os termômetros já marcam 18°C e, claro, roupas muito, muito apertadas nelas e muito largas neles — não entendo por que homens brasileiros vestem um tamanho acima e mulheres um tamanho abaixo, colocam o jeans a vácuo num processo que parece demorar horas e horas de contorcionismo e apneia. E quem mais (ou ainda) nesse mundo viaja de bota e sapato alto além delas?

O hobby preferido dos brasileiros é falar mal dos brasileiros. E dos imigrantes brasileiros é falar mal do Brasil, mas quando bebem e ouvem Ivete Sangalo começam a chorar. Melhor ficarem onde estão. Brasileiros adoram e odeiam ser ou parecer brasileiros quando viajam. E têm horror quando encontram outros brasileiros. Dizem que não, mas é tão verdade que a primeira resposta que damos quando perguntam como foi a nossa viagem é "foi ótima, quase não tinha brasileiros". Quando ouvimos um brasileiro falar inglês, a primeira coisa que comentamos, em tom de desagrado, é "nossa, que sotaque de brasileiro ele tem". Bem, estranho seria se fosse sotaque de francês (e tem quem faça). E gostam de dizer que não se parecem brasileiros, que têm sangue azul circulando nas veias — herança portuguesa essa, a do nosso complexo de vira-lata... O paulista, no caso o mais argentino dos brasileiros, queria mesmo era que São Paulo fosse mais perto de Milão que de Cubatão e adora ser confundido com italiano da gema, e faz esforço para tal. Primeiramente fica com o passaporte grená à mostra para deixar claro, já na fila do check-in, que não é assim, 100% *fatto in Brasile*. Mas, na hora de embarcar, aquela voz dizendo porrrrrtão 35...

Gostamos de ostentar, mais do que qualquer outro povo, talvez só menos que o russo, e quase igual ao árabe. Eu sei, eu sei, infância difícil, dinheiro novo, se deu bem na vida, legal, parabéns! Mas segura a onda aí, ô conterráqueo! A crítica é (quase) construtiva, mas invista em cultura e educação de verdade. Tem aquele mês livre? Faça um curso de idiomas, de arte, de gastronomia, de qualquer coisa — só não torre dinheiro e tempo comprando tudo o que vê pela frente e comendo qualquer coisa que ou é bom porque é rápido ou é bom porque alguém falou que era e você foi atrás para tirar onda depois. Basta se informar um pouco melhor, ler um jornal local e o guia do fim de semana, ou perguntar para um grupo de jovens da mesa ao lado qual é a boa. Só não vale seguir dica de jornais nacionais (que sempre estão atrasados nas novidades), de livro de revistaria de aeroporto, de gente cansada que só fala dos mesmos restaurantes e bares desde os tempos do telex. Com todo respeito aos autores de guias, que passam, imagino eu, madrugadas escrevendo tijolinhos sobre cada bar, boteco, lojinha e tal, mas é impressionante que, pelo menos em português, não haja um livro que ofereça nada além do trivial. Somos viajantes nível básico, engatinhando no turismo internacional. Será isso?

Seja lá o que for, não existe turista mais problemático que o endinheirado perdulário. E nesse grupo entra o brasileiro, um dos únicos do mundo a ainda gastar com o que ninguém mais tem coragem de gastar (artigos de luxo são tão, mas tão fora de moda...) e com permissão de despachar duas malas de 32 quilos enquanto boa parte dos viajantes internacionais embarca com uma de 23 — o que é mais do que suficiente. Chega de comprar, Brasil!

E chega também de seguir o que o mestre mandou, ir aos mesmos lugares só para ver e ser visto; afinal, no fim, vira-se a cara para todo mundo. Gente estranha. Parem de carregar o mundo nas mãos e levar tudo sobre a Terra para casa, você não precisa de mais um par de tênis de corrida e muito menos fazer estoque de Crest no seu banheiro.

Como evitar os ricos brazucas se eles parecem estar em todos os poros do planeta? Simples: fuja de restaurantes e bares do momento, lojas de departamento, ou seja, lugares essencialmente turísticos onde a presença de um local é rara, pois ele não vai pagar 20 euros por um purê de batatas, o dobro por um vinho mais ou menos que no supermercado não custa a metade — e mesmo que fosse de graça ele não beberia, pois, como diz o ditado, "life is too short to drink cheap wine" — ou 500 dólares por um vestido que está na vitrine, nas páginas das revistas, nos corpos das celebridades e, ele deduz, no guarda-roupa das novas ricas. Vai usar? Não vai.

Para não ouvir um pio de português, basta JAMAIS pisar em Aspen, onde o elenco majoritariamente paulista transforma o cenário numa novela do SBT, ou apenas vire a esquina da rua principal da cidade e entre na primeira galeria de arte, livraria, lojinha de bairro ou café sem letreiro na porta. Mas vá para um outlet, fila de lanchonete de rede, e verás que um filho teu não foge à regra. Estão todos lá, a comer exatamente a mesma coisa que come no drive-thru ao lado de casa, falando o mesmo português falado na mesa de bar e, mais grave, sentados com o mesmo grupo de amigos que costumam encontrar todos os dias no clube, na saída da escola dos filhos, no playground, como americanos de uma classe média que não valeria a pena ser reproduzida em canto nenhum. Mas nós, claro, os imitamos em todas as horas e construímos para nós uma classe média tão careta quanto a deles, que inventaram o white trash, que a gente reproduziu *ipsis litteris*. Nossas cidades do interior, com aqueles IDHs que seus moradores se orgulham em dizer que é igual ao da Dinamarca (mas museu, galeria, gente interessante que é bom, como em Copenhague, eles não têm e não fazem o menor esforço para ter), exportam viajantes milionários que deixam fortunas para trás e voltam para casa com a mala cheia de objetos e sem uma boa história para contar. Experiências sensoriais, surpresas acidentais, valem mais que aqueles muitos mil reais gastos numa bolsa que não, não vai transformar você numa parisiense da noite para o dia. Por trás de tantas camadas de grife, existe ainda um, digamos, ser bruto que precisa se lapidar. Caso queira.

É possível e plausível despistá-los durante toda a viagem, mas o reencontro é inevitável na fila do check-in, quando a coisa afunila e você vai fatalmente topar com todo mundo outra vez. Nem precisa procurar pelo painel do aeroporto, basta ver onde está a maior aglomeração de bagagens embaladas com plástico verde e pronto, lá está nossa tripulação. Existe entre nós um sentimento de desconfiança, talvez por razões óbvias, que nos leva a crer que, se não lacradas e vedadas, fechadas como sarcófagos, nossas malas serão extraviadas durante o percurso. Acontece. Mais um motivo para não gastar seu dinheiro suado com coisas que enchem os olhos de quem vive de olho no que você compra em viagem. A regra vale, inclusive, para a Polícia Federal. Fato: somos um dos mais gastadores e de longe os mais taxados do planeta, o que reforça, de novo, a ideia de que vale investir apenas nos prazeres que alimentam a alma e não o guarda-roupa, a casa, o escritório. Desejo de status, coisa do passado.

6

Asiáticos: plano de fuga

Para orientais, tudo é questão de tempo. E paciência. Só que a paciência deles é inversamente proporcional à nossa. Quanto mais calmos se mostram, mais loucos ficamos por vê-los dessa forma nas situações mais estressantes, plácidos budistas quando nós arrancamos os cabelos, primeiros os nossos e depois os de quem está ao lado — como máscaras de oxigênio em aviões. Asiáticos não perdem a cabeça longe de casa, a não ser que se percam do grupo. Mas asiáticos nunca se perdem do grupo.

Você já viu algum japonês dando chilique porque o vendedor paquistanês de crepe em Paris usa a mesma mão para dar o troco e colocar o recheio na massa? Mas também duvido que tenha visto algum japonês comendo crepe da mão suja de um paquistanês. Japoneses, além de limpar o próprio lixo dos estádios, não sujam as mãos comendo o que nós, ocidentais, costumamos comer lambendo os dedos de satisfação. Japoneses, esses seres tão evoluídos...

> ... Não sabem o que estão perdendo. O dono da barraca em frente ao carrossel das escadarias da Sacré-Coeur de Montmartre faz os melhores crepes ruins do mundo. Peça o de gruyère genérico, redução de presunto (só vem com duas tirinhas) com suaves notas (literalmente falando) sabor 5 euros que já passaram por metade da Europa — inclusive pela Romênia. Sabor sem igual.

Um exercício de paciência para nós, brasileiros, é reverenciar a paciência dos turistas asiáticos em qualquer programa, seja de índio ou de... bem, de asiático. Uma supercasa de sanduíches, cara e ruim, que todo mundo recomenda, por exemplo: impaciente que somos, e temerosos por empatar a fila e atrasar a vida do morador local (e até do oriental), escolhemos a primeira opção, a primeira bebida, o que vier e for mais familiar no cardápio. Já eles, não. São capazes de passar a eternidade de uma tarde analisando calmamente cada sugestão do chef, a especialidade da casa, a sobremesa que melhor combina com o sanduíche que sequer foi escolhido. Ah, sim, e na fila eles fazem o seguinte: fica um à espera e quando chega a vez de pedir surge um exército deles, famintos, risonhos (sempre risonhos), felizes, falantes. Todo o processo pode durar de 20 minutos até a hora em que você perde a fome — ou morde o primeiro que aparecer na sua frente. Um asiático, no caso.

Asiáticos nasceram para os guias de bolso, e os guias de bolso só existem porque existem asiáticos. E os guias dão dicas que só eles têm paciência de seguir, como visitar todas (eu disse todas) as igrejas góticas da França, cuja diferença entre si só eles parecem ver. Aliás, só eles têm paciência para entrar em cada uma delas. Igrejas... Asiáticos também foram feitos sob medida para os pacotes de viagem com programação tão apertada quanto seus olhinhos atentos. Sinfonia Europeia, por exemplo, cujo roteiro contempla, sei lá, 22 cidades em doze dias? Eles cumprem, percorrem tudo, tiram foto, registram, acham a sensação. E tudo bem dormir comprimido nos ônibus europeus — os piores de todo o Ocidente viável.

Orientais acordam cedo, mas permanecem intocados, misteriosos em seus hotéis escondidos em ruas subterrâneas que parecem emergir diariamente às 11h da manhã. Este é o horário de saída de TODAS as excursões de orientais no mundo inteiro, armados até os dentes com suas câmeras digitais e fazendo verdadeiras barreiras humanas que fecham calçadas inteiras e impedem a passagem de qualquer ser vivo mais robusto que um mosquito. Sem falar na velocidade com que tudo isso se desenrola. O tempo deles é outro (e turistas andam mais devagar que o ritmo comum dos locais), e cada passo pode durar o tempo de seu passeio inteiro. E não adianta bufar — asiáticos acham graça até no mau humor de quem está atrás. Caso você enxergue uma brecha na muralha humana, tente ultrapassá-la. Mas voe, pois orientais têm olhos de ninja e, ao perceberem que alguém se aproxima, rapidamente se fecham de novo, impedindo até a passagem de ar. Uma vez na rua, na mesma calçada, no mesmo horário, saiba que você vai perder. Mesmo sozinhos ou em dupla, eles têm o campo de visão prejudicado, não pelos olhos diminutos, mas por sempre estarem olhando para cima ou para o celular. Um sensor natural faz com que eles se sintam atraídos por quem está andando a passos largos. É aí que eles surgem, do além, e se posicionam bem na sua frente, e passam a andar naquele compasso de quem tem o dia, a vida, livre para sempre com hora para nada.

Dizem que o ritmo deles depende do calendário. Se for o ano do boi, eles andam na velocidade do boi. Se for o ano do dragão, eles... sei lá, mas quem cospe fogo é a gente.

Coloque o despertador para uma hora antes e prepare-se para a fuga mais espetacular. Lembrando que a esta altura você já deve ter tomado seu café da manhã, ido às compras, visto o que tinha de ver e o que havia programado para aquele dia — caso você seja do tipo obsessivo que coloca tudo no papel e se autoflagela ao deixar de cumprir algum item (como eu, no caso). Porque, depois que eles saem às ruas, não tem para ninguém. Direitos iguais, mas horários diferentes. Deixe para eles, assim como parisienses deixam a cidade para as invasões de agosto, e aproveite o lado B para onde oriental nenhum se atreve a ir pelo simples fato de que nada pode sair do traçado original. É a sua chance de se jogar no underground e no mais íntimo da vida local, desde que sozinho (grupos não são bem-vindos, por inúmeras razões, sendo a mais óbvia delas o simples fato de que mesas de pequenos restaurantes, bares e táxis não foram feitos para mais de quatro pessoas).

Se você está com pressa ou fome, e se um deles (um não, muitos deles — ou você já viu algum oriental andando sozinho?) estiver na sua frente, esqueça. Comprar um simples ticket de metrô ou um café, um ato tão corriqueiro que você normalmente levaria 1 minuto para fazer, torna-se praticamente uma gincana. Ao avistar um asiático na fila, fure-a e se faça de desentendido. Eles podem, e vão, atrapalhar o andamento dela. Experimente comprar um bilhete de metrô, por exemplo. Eles são capazes de durar 10 minutos em frente à máquina, tentando entender os comandos dados pelo sistema, que invariavelmente estão em inglês, francês, espanhol e, no máximo, em alemão. Faça o seguinte: já compre uma dezena de tickets, mesmo que você não use todos na viagem, pois vale o investimento. Perder tempo em fila é pior que passar o dia dormindo no hotel. E não tente, nem por um minuto, questionar ou dialogar com eles. Eles não falam, não arriscam e nem de longe esbarram em qualquer língua diferente da deles — ok, entendemos, e invejamos o fato de terem 6 milhões de letras —, mas não ligam muito para isso. Para eles, somos parte do cenário, como a máquina de bilhetes dos metrôs e as igrejas góticas que eles visitam.

Com a mesma velocidade que eles surgem, e com o mesmo vagar com que permanecem, dá-se a retirada em grande escala no fim do dia, no primeiro cerrar das portas das lojas e museus. É aí que você volta a entrar em ação, ignorando, claro, o comércio (você não precisa de nada, lembra?) e aproveitando os dias em que galerias de arte e museus ficam abertos até mais tarde. Todas as quintas, por exemplo, em Paris, o Louvre funciona até 21h e alguma coisa. Claro que não vai estar vazio como você sempre sonhou, mas, uma vez livre de excursões, grupos de asiáticos, famílias e, pesadelo, crianças, tudo parece mais agradável e o ar, menos rarefeito ou impregnado de salgadinhos indecifráveis a olho nu.

E, por falar em ar, aquelas máscaras cirúrgicas que usam só fazem sentido na China, onde o ar é tão poluído como num salão de restaurante... chinês. Ou então se usadas por nós quando eles, os chineses mesmo, resolvem abrir suas vasilhas no trem com o lanchinho da tarde. A propósito, japoneses não usam máscara cirúrgica — a não ser que seja parte da última coleção de uma marca superconceitual que ainda não chegou ao Ocidente. E talvez não chegue nunca. Japoneses, esses seres tão superiores... Que não olham torto pra ninguém. Aliás, eles não olham pra ninguém mesmo — a não ser que esteja mais bem-vestido que eles. No caso, outro japonês.

7

No restaurante, mesa para um

Ok, de todos os momentos marcantes da sua viagem a sós, nada pode ser mais traumático — e te fazer lembrar que sua crise existencial está no auge — do que comer sozinho. Talvez seja a única hora do dia (e da noite) em que realmente a gente pensa: e se ele ou ela existisse e tivesse vindo? Não, não tem nada pior que chegar a um restaurante onde 100% das mesas estão ocupadas por casais e grupos (quando a mesa tem crianças ou mais de quatro pessoas, a gente agradece por estar sem ninguém), mas há maneiras de aliviar a dor e não ter que pedir delivery ou comer prato pronto de supermercado sempre que a fome bater. Pense pelo lado bom; afinal, grande parte dos seus gastos vem daí — casais em lua de mel, apaixonados, amigos etc. torram fábulas contando estrelas Michelin e seguindo dicas de livros que dão o caminho das pedras que muitas vezes nos levam a comer sopa de sola de sapato e achar uma delícia.

Lembrando que são tempos de vacas magras, portanto, nada de torrar seu dinheirinho contado em restaurantes cuja conta por pessoa, vamos combinar assim, passe de 10 euros ou dólares — se a moeda do país em que você estiver for outra, faça a conversão. E, por falar em conversão, aquela máxima de "quem converte não se diverte" é válida mesmo para casos de extrema dureza; esquecer que o real existe é uma delícia, mas imponha limites de gastos e sinta o faro do povo local — com exceção de paulistas e russos, quase todo mundo prefere um preço honesto no fim da conta e aquele bom e velho bistrô que nunca mudou o menu, o valor e o sabor de seu steak.

Destinos hippies são ótimos para comer bem gastando pouco. Como quem cozinha vive na maior larica, as porções servidas são sempre fartas — e, como quem comanda o estabelecimento é naturalmente vegano ou orgânico (ou as duas coisas), então se prepare para experimentar tudo de verde e do melhor que existe no mundo. Ah, sim, e a conta é sempre uma pechincha; afinal, hippies não ligam para dinheiro — só os de São Francisco.

Fuja de todo restaurante cujo salão seja iluminado por luz fria. Até a mais gata das mulheres, o mais irresistível dos homens e as mais felizes das criaturas ficam feias e tristes quando iluminados

Boiando nas notícias. Mar Morto, Jordânia, 2014.

Lixo extraordinário. Lisboa, Portugal, 2013.

Estrelas mudam de lugar. Los Angeles, EUA, 2011.

Pobre, porém limpinho. Big Sur, EUA, 2012.

Pingos nos is. Lisboa, Portugal, 2013.

Quando um abrigo é mais que um abraço de amigo. Tel-Aviv, Israel, 2014.

My week with Frida. Cidade do México, 2015.

Sem título. São Francisco, EUA, 2014.

E Ele está nas pequenas coisas. Búzios, Brasil, 2009.

Hopper em Goya. Madri, Espanha, 2013.

Dá um vazio no peito, uma coisa ruim...
Death Valley, EUA, 2012.

Vale o que está escrito. Aspen, EUA, 2016.

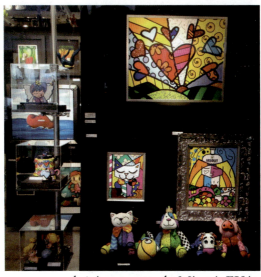

Crise, cruzes, credo! Aeroporto de Miami, EUA, 2016.

Free hugs... e meleca incluída. Nova York, EUA, 2012.

Anões ganhando upgrade nos aeroportos do Brasil. Aeroporto do Galeão, Rio de Janeiro, 2014.

Cheia de não me toques. São Francisco, EUA, 2014.

Literalmente, como só em Portugal. Lisboa, 2014.

Perigo real. Búzios, Brasil, 2009.

Visitando Marlene Dietrich. Berlim, Alemanha, 2007.

Azul é a cor mais quente. Chefchaouen, Marrocos, 2015.

Sobre padrões e vícios. Marrakesh, Marrocos, 2015.

Enfim, sós. Machu Picchu, Peru, 2015.

Pé no chão, pé na estrada. Alto Paraíso, Brasil, 2010.

Último a sair. Outback, Austrália, 2015.

Mohamed Che Guevara. Beirute, Líbano, 2013.

Brincando nos campos (de quinoa) do Senhor.
Vale Sagrado, Peru, 2015.

Brincadeira saudável. Miami, EUA, 2014.

Match point. Outback, Austrália, 2015.

Cada cabeça, uma sentença. Lisboa, Portugal, 2013.

Nascendo de novo.
Death Valley,
EUA, 2012.

Incenso hipster.
São Francisco,
EUA, 2015.

Mentiras que contamos em casa. Lisboa, Portugal, 2005.

Mulheres-objeto. Venice Beach, EUA, 2014.

La virgen y la prohibida. Cidade do México, 2015.

Turnê até o chão. Lençóis Maranhenses, Brasil, 2010.

Sem sombra de dúvidas. Amsterdã, Holanda, 2013.

Temperos alemães. Berlim, Alemanha, 2007.

Pavões, apenas. São Francisco, EUA, 2013.

This is the end. Venice Beach, EUA, 2014.

Bagdá Café. Death Valley Junction, EUA, 2012.

Ventos de mudança. Nova York, EUA, 2012.

Voltando pra casa. Paris, França, 2011.

Stylist. Londres, Inglaterra, 2011.

Peixes do Rio.
Rio de Janeiro,
Brasil, 2011.

Sorria, meu bem.
Toronto, Canadá, 2013.

Desacato à humanidade.
Toronto, Canadá, 2013.

Fila indiana.
Toronto, Canadá, 2013.

Pirulitos mágicos.
Amsterdã, Holanda, 2013.

De pernas pro ar.
Amsterdã, Holanda, 2013.

Bom, bonito e barato.
Paris, França, 2013.

Prêt-à-porter.
Paris, França, 2013.

Selfie-portrait.
Marselha, França, 2013.

Tête-à-teta.
Marselha, França, 2013.

Tábua de frios
e música ao vivo.
Sintra, Portugal, 2013.

Segue o seco.
Fez, Marrocos, 2015.

com aquela lâmpada cor de pensão de beira de estrada. Restaurantes à meia-luz demais também são lugares a serem evitados — ou são muito românticos ou modernos. Sabe aquela coisa lounge? Pois é, fique longe. Fora que ver o que está no prato e vai à boca ainda é um direito básico do ser humano.

Em Paris, um restaurante chamado Dans le Noir tinha seus salões totalmente às escuras. Os garçons eram cegos, o que atraía enorme clientela. E, na falta de um dos sentidos, a gritaria era geral. Era ensurdecedor. Imagino que tenham fechado.

Nunca, jamais, em tempo algum, sente-se próximo a uma mesa só de mulheres ou de grupos que parecem comemorar a despedida de algum funcionário da empresa onde trabalham. Escutar sobre a vida alheia ao pé da mesa, e do ouvido, depois de algumas garrafas de vinho, pode agravar sua natureza niilista. Crianças? Bem, criança em restaurante só funciona dormindo.

Balcões são feitos sob medida para solteiros, solitários e soltos. Se o restaurante tiver wi-fi, melhor ainda, mas não deixe de reparar no(a) vizinho(a) de banquinho — vai que você conhece a sobremesa da vez? Fora que papo de balcão, com o estranho do lado ou o pessoal da frente (chefs, bartenders e afins são ótimos de prosa), é uma delícia.

Procure não fazer contato visual com pessoas sentadas à mesa, pois talvez elas estejam olhando para você não por terem te achado a grande síntese da beleza, mas por uma pontada de dó. Sim, as pessoas olham (ou fingem que não, dependendo do lugar, da cidade, da sua cara de abandonado do dia) diferente, um olhar de compaixão e curiosidade. Pensam elas: "Seria ele um ermitão insuportável, fugitivo cigano, traído e jogado na sarjeta?" Não dê margem para te acharem um marginal sentimental, só em casos de chantagem emocional, claro.

Comer e não se arrepender

Supermercados são indispensáveis; afinal, nem toda hora é hora de comer na rua. Além disso, muitas cidades fecham seus restaurantes cedo, como Amsterdã, por exemplo, onde o povo sai para jantar às 20h, mesma hora em que os espanhóis estão pensando o que vão beber para abrir o apetite. Sem contar que é, sim, um programão e tanto se enfiar num supermercado, ver o que o povo come, as embalagens e aquela variedade de produtos que nós não temos (os supermercados da França fazem os nossos parecerem os da Venezuela). Se você estiver em alguma cidade onde tenha um Whole Foods, ótimo! Andar pelas suas gôndolas é como passear em Veneza de tão delicioso que é. E a clientela, toda saudável e corada, torna o supermercado o último bastião de cividade do planeta. Sem contar que, entre chips de kale e um pacote de maca, quem sabe você encontra o amor da sua vida só por uma noite? Acontece.

Mercados municipais, apesar de estarem na moda (100% de chance de encontrarmos aquele casal hipster que se fotografa no elevador para o Insta e aderiu à dieta paleolítica), ainda são opções boas e baratas para comer muito bem, além de serem uma imersão real na cultura gastronômica local. Prove de tudo, desde que seja frito ou na brasa. Não tem bactéria que resista ao fogo e ao óleo; mesmo que agraciados com estômago de avestruz, dados os pesos e as medidas da nossa gastronomia, nada de crus: não vamos abusar da sorte — um piriri longe de casa, no meio da rua, pode ser quase fatal.

O ceviche do Mercado San Pedro, em Cusco, por exemplo, quase levou este que vos escreve para o plano superior. Já os de San Miguel e San Antón, em Madri, fazem milagres: ostras, tapas com polvos e lulas e todo tipo de presunto cru sobre a Terra devem ser comidos sem medo — fora que, além de muito frescos, não custam os olhos da cara. Sim, nós que no Brasil pagamos o equivalente a um carro usado por um potinho de patê ficamos e devemos ficar deslumbrados com os preços praticados mundo afora. No exterior, a lei do vale quanto pesa está em vigor desde a invenção do dinheiro — menos em Moscou, mas quem se importa com Moscou?

Países da Europa com parte da população composta por imigrantes de suas ex-colônias abrigam ótimos restaurantes em suas capitais, a maioria deles servindo pratos simples e baratos da culinária da terra natal; afinal, o público-alvo fala a mesma língua do cozinheiro. Amsterdã, por exemplo, tem excelentes biroscas especializadas em iguarias do Suriname e da Indonésia; em Londres, há uma infinidade de indianos, paquistaneses e africanos; em Madri, a lista de sensacionais restaurantes cubanos, peruanos e mexicanos não cabe num guia de bolso.

Restaurantes árabes estão por todo lado. Para saber quais são os melhores, pergunte aos taxistas onde eles comem — pois, sabemos de onde eles vêm. Alá, olha lá ele lá.

Como reconhecer um bom restaurante asiático? Olhe para o salão e veja se a maioria da clientela é oriental. Não tem erro: japoneses, tailandeses e afins sabem das coisas. Já os chineses, bem, a contar pelo cardápio que criaram, tudo que tem quatro pernas e anda vira comida, portanto não dá para dizer que são, assim, muito criteriosos à mesa.

Nunca coma em restaurantes localizados perto de pontos turísticos, a não ser que você não ligue em pagar, sei lá, 30 euros por um croque monsieur (que, muito malfeito, não passa de um misto-quente metido a besta), tampouco em portinhas com banner do cardápio impresso a laser com fontes e efeitos sombreados nos pratos. Se o dono do lugar não deu importância à programação visual de seu estabelecimento, tudo leva a crer que a apresentação do prato vai sair pior que xerox sem toner.

Turistas em sua maioria só param para comer e beber quando estão à beira da inanição. É aí que entram em ação os restaurantes oferecendo o melhor do pior. Não ache grande vantagem pagar pouco por um "menu du jour" em Saint André des Arts. Se for ruim, qual a vantagem? Encher a barriga?

As paellas das ramblas de Barcelona, por exemplo, só perdem em sabor para as feijoadas da avenida Atlântica. Os kebabs ao redor dos cartões-postais pelo mundo são um enigma para a pecuária — afinal, que carne é aquela? Errou quem respondeu vaca, cordeiro ou boi.

Nada pode ser mais enganoso do que a ideia de que em qualquer portinha na Itália se come bem. Mentira! Até porque, hoje, a maioria dessas portinhas é administrada por um libanês — que faz um fettuccine como ninguém. Ninguém mesmo.

Sobre gorjetas: por mais duro que você seja, por mais contado que esteja o seu dinheiro, sempre deixe algum para o garçom — mesmo que ele seja francês ou português. Antes rosnando, desde que faça seu trabalho, a um gente boa que não sabe a diferença entre Cordon Bleu e candomblé. Simpatia não, por favor, a conta.

8

Arte, esse obscuro objeto de desejo (só que não)

Não se foi o tempo em que arte era assunto secundário em viagem. Talvez não estejamos vivos para ver, de fato, nossos conterrâneos trocarem as Galleries Lafayette pelas galerias de arte ou para passar uma tarde no museu, mas ei, você aí, amigo solitário, olha a chance de estar em um lugar onde somos maioria e muito mais bem-vindos que pessoas felizes demais, em grupos, aos montes! Ao contrário da etiqueta na fila do check-in ou no elevador do hotel, em ambientes "artsy" você não precisa sorrir ou puxar assunto com ninguém — pelo contrário: quanto mais cara de triste, deprimido, chato e não estou para ninguém você fizer, mais respeitado e bem-tratado será.

Lidar com galeristas ou qualquer outro profissional de museu (com exceção das mocinhas do café, sempre uns amores e com aquelas caras de paisagem a tirar quiches do micro-ondas — sempre as quiches!) é como lidar com parisienses: ganha quem gritar mais alto e bufar mais forte, ainda mais se for com aquelas meninas de 20 e poucos, de óculos de armação preta, que sempre olham para a gente como se não soubéssemos um terço do que elas sabem a respeito da fase azul de Picasso ou o nome do novo artista alemão que se besuntou de geleia em sua última performance para protestar contra o fim do nomadismo nas pradarias da Mongólia.

Atendente de galeria, ou melhor, consultora — quer dizer, "dealer" (como elas se apresentam) —, é a profissão do momento para quem não quer rotina de escritório nem de shopping; para você ter uma ideia do "hype" da coisa, trabalhar numa galeria hoje é como ter sido comissária de bordo nos anos 1950 ou, para ser mais aproximado, vendedora da Forum na década de 1990. Não deixe sua baixa autoestima chegar ao nível do chão só porque elas olharam para você e pensaram "taí, mais um curioso sem grana". Saiba que elas, além de duras como você, por mais que saibam a "diferença" entre quadro e tela, obra e trabalho, escultura e instalação, são as mesmas garotas a quem você nunca pedia cola na escola por confiar mais no seu erro do que no acerto delas: só que trocaram papel de carta por serigrafia.

Então vamos comemorar nosso isolamento voluntário do mundo ao adentrar no universo impenetrável das artes. Porque museu ou galeria (menos vernissage, mantenha distância sempre que possível, a não ser que queira matar seu desejo de comer canapé com salmão e ficar com bafo de foca) é, sim, o melhor programa para quem está solitário — até os que não conseguem tomar banho sem alguém do lado dizendo "olha, como você é incrível" gostam de ir desacompanhados, mesmo que apenas para dizer na legenda do Insta "adoro ficar a sós consigo mesmo [sic] de vez em quando". Em silêncio, procure ir em horários alternativos — ou no fim do dia, a uma hora de fechar (você está sozinho, lembra? E não precisa ficar horas em frente a uma tela só para impressionar — seu amigo "artsy" não está perto) ou quando ficam abertos até mais tarde do que o normal, assim você evita famílias com crianças histéricas, pais descabelados, mães estridentes, hordas de asiáticos e brasileiros muito felizes, que parecem viver num eterno churrasco de fim de ano da empresa.

Evite os simpáticos guias culturais, capazes de atrair gente com quem você normalmente não dividiria nem um vagão de trem e com o poder extraterrestre de divagar sobre o nada e discorrer sobre qualquer coisa. Eles conseguem falar por duas horas a respeito do mármore trazido no século XII por uma confraria de coptas xifópagos reclusos para forrar o assoalho do pavilhão onde você está, e são sistematicamente treinados para convencer a todos de que qualquer peça de museu tem suma importância. Na décima escultura grega, no vigésimo vaso chinês, no milésimo quadro representando a carreira meteórica de Jesus sobre a Terra, você se dá conta de que nem tudo o que é antigo é bom ou tem seu valor — a não ser para as pessoas abertas a qualquer tipo de informação dada pelo guia, desde a origem do vaso sanitário do banheiro do andar dedicado às esculturas da civilização aimará até a história sexual de uma múmia mexicana. As atentas demais são as mesmas que se movimentam em blocos herméticos e se posicionam em frente às obras de arte por longos períodos, à espera de uma voz que venha do além e diga "agora, mexam-se". Pode ser mais chato? Pode! Experimente um passeio de barco pelo Sena ou pelo Tâmisa... Além de ver tudo ao longe, você não vai entender nada porque o guia, além de ter um sotaque incompreensível até para a professora de cursinho, usa um microfone do tempo da Donna Summer que vive dando mau contato. É como se um paulista de Ourinhos dialogasse com um português de Trás-os-Montes.

Horas à frente de uma obra de arte ou ao lado de um guia não transformam ninguém em intelectual em uma manhã, por isso nada de achar que vai absorver tudo de uma vez e por osmose. Vá aos poucos, veja devagar, veja tudo sozinho (em caso de dúvidas, Google) e não se preocupe caso tenha perdido algum highlight do acervo ou passado batido demais por aquela escultura que sua amiga estilista disse que era incrível: não se force, não se obrigue. Estático, hipnotizado, horas a fio em frente a um Rothko para que mesmo?

Que os curadores não leiam nunca o que vos escrevo, mas a verdade é que uma BOA lojinha de museu ganha da maioria das exposições que se vê por aí. E, para acabar de vez com a impressão de que só você não vê a hora de ir embora de uma mostra muito grande na qual só se mostra mais do mesmo (desculpe, pessoal das artes, mas o mercado de vocês anda tão anabolizado e saturado quanto o de turismo), basta ver que elas, as lojinhas, elas sim, parecem ser a grande atração do pedaço. Pôsteres, livros, objetos inúteis de design inventivo, ímãs, lápis, chocolates, jogo americano, avental, bloquinhos, canetas... Tem de tudo e para todo mundo, até para você que está com a grana contada e inclusive para quem enche o peito e diz que não compra nada em viagem, apenas adquire bagagem cultural. Gente mala!

Imperdíveis as lojinhas da Tate Modern, em Londres; do Craft and Folk Art Museum, em Los Angeles; do Martin-Gropius-Bau, em Berlim; e do Canadian Museum of History, em Ottawa. Mas o que você foi fazer em Ottawa mesmo?

Alguns museus, a maioria deles, reservam um dia no mês para visitas gratuitas. Outros, como o Reina Sofía, em Madri, garante entrada franca diariamente a partir das 19h. Galerias geralmente não cobram entrada. Assim, garanta um espaço para as artes no seu orçamento apertado e abstraia multidões de pessoas que, como você, preferem enfrentar a muvuca nos museus a pagar para entrar.

***

Paris, Londres, Nova York e Amsterdã têm ótimos cinemas que exibem filmes que já saíram de cartaz, entre blockbusters e alternativos. Acompanhe a programação nos guias da semana.

9

Pesos e medidas, compras! Da perdição à falta de noção

Além de todas as famas antigas, também somos internacionalmente conhecidos como sacoleiros. Ok, você não liga a mínima para o que dizem de você, parabéns; eis aí um ser espiritualmente evoluído — mas aquela cena das trocentas malas equilibradas sobre carrinhos, empanturradas, envoltas por um plástico verde (afinal, vai que abre no percurso ou, pior, vai que alguém resolva abrir e te subtrair?) é a prova cabal de que ainda viajamos na contramão da humanidade. Nós e os russos e africanos endinheirados que gastam o PIB de seu país de origem em apenas uma semana — e numa loja de perfume. Se identificou? Pois é.

Tem mais. Comprar o mundo e pedir para viagem só atrapalha o seu doce direito de ir e vir: táxis não comportam tantas malas, carregadores franzem a testa, motoristas torcem o nariz, bellboys reviram os olhos... Ninguém suporta, o espaço não comporta. Escada rolante, roleta, degrau, saca? O mundo ficou menor, mais estreito, tem mais gente cruzando o caminho. Seja leve, seja prático.

Outlets são xepas. De produtos e de gente. Frequentar um espaço onde quantitativo é imperativo, onde todos procuram mais do mesmo, onde tudo não passou pelo controle de qualidade, ou caiu em desuso, ou ficou mofando nas araras das lojas por meses, anos, gerações, encarnações, hum, não. No exótico Dolphin Mall, em Miami, enquanto impulsão e compulsão dominam os corredores, seus instintos selvagens podem vir à flor da pele. Evite, não hesite, procure a *exit*. E, se encontrar alguém conhecido, sei lá, a estagiária do escritório de advocacia onde seu ou sua ex trabalhou (e que você conheceu rapidamente numa chopada no La Mole), não pense duas vezes: saque o telefone do bolso e comece a enrolar a língua, solte umas frases em um idioma de *O senhor dos anéis* e pule num pé só apenas pela parte preta do piso. Tenho certeza de que ela vai fingir que não te conhece. A propósito, o que você, sem um tostão e na solidão, foi fazer no shopping? Piorar sua situação?

Ok, vale comprar uma coisinha ou outra para te fazer lembrar daquela cidade idílica perdida entre os rochedos amarelados do sul da França (sério que você já foi e achou demais?) ou da praia mais paradisíaca onde o único solteiro além de você era a filha da gerente do bar com cara de tubarão-tigre. Se passar por uma loja que encontrou por acidente, entre e compre, pois pode ser que nunca mais a veja outra vez — muitas lojas parecem se mudar ou desaparecer assim que você passa por elas. Sabe o conceito de pop up store? Então, parece que acontece o tempo todo e elas somem pra nunca mais surgir. Nem Google Maps salva.

Pechinchar é um pé no saco, mas também pode ser uma mão na roda. Peça desconto, mas não se humilhe publicamente. E não precisa berrar. O vendedor não é surdo, ele apenas não fala a sua língua. Se bem que já vi gente ganhando a transação no grito. Mais eficiente que a fala, uma calculadora: digite o seu preço e mostre ao vendedor até vocês chegarem a um denominador comum.

Artesanato, fuja dele — até porque quase nada mais é feito à mão desde que os chineses inventaram máquina para tudo. As lojinhas dos mercados e feiras em qualquer lugar do mundo, até no mais longínquo souk das arábias, repare, vendem exatamente a mesma coisa, em escala industrial e made in China. E, além de malfeito, é feio — fora que todo e qualquer artesanato, quando transportado para a vida real, pode crer, vai parar no quarto de hóspedes. Veja, contemple, elogie e pronto, pois nada é indispensável ou, bem, tão interessante assim: cerâmica marajoara, arte plumária, bibelôs de gesso, panos de prato bordados com os dias da semana, "puxa-saco" para guardar sacolas plásticas de supermercado, maricas de durepox, móbiles de pedras semipreciosas, chinela de couro, colares de miçanga, pinturas abstratas com terceiro olho e pirâmide, cadeiras de ferro retorcido, brinquedos de papel machê (lererere-ri-rom-rom-rom), carrinhos feitos de garrafa de Big Coke, cinzeirinho com texturas, chaveiros, camisetas de material sintético que ativa o lado negro de todas as suas glândulas e aquelas rendas que sua amiga estilista adora dizer que "tem um axé especial porque foi feito à mão, tem energia". Agora diga: comprar para quê?

Lembrancinhas para família, amigos, aquela tia da Tijuca que coleciona caneca de festival do tomate, do caqui, do morango e, claro, da Oktoberfest (presente seu, já esqueceu?) são bem-vindas. Amostras grátis de perfumaria e farmácia configuram presente. Aquele shampoo do hotel, o creme, o "sewing kit"... tudo vira souvenir.

Naturalmente só entendemos que não precisamos de muito quando já compramos ou vimos de tudo. Até chegarmos à maturidade do (desculpem o termo) consumo consciente, exageramos na dose e, sim, pecamos bastante pelo excesso.

Temos que ser neutros, o princípio básico: sem cheiro, sem barulho, sem alardes. Seja invisível da porta pra fora, aparecer demais pega mal, ostentar é feio. Há outras maneiras de chamar a atenção, mais difíceis, porém mais eficazes e, pode ter certeza, mais agradáveis. Como diz o refrão de "Freedom", clássico de George Michael do raiar da década de 1990, "sometimes the clothes do not make the man". Pois é, recado antigo, todo mundo já entendeu. Menos a gente, emergente.

10

Viagem mística, sacrifício e renúncia: entre a cruz e a caldeira

Viagem mística é como macumba: para ser boa tem que ser longe. E, quanto mais distante estamos de casa, mais perto do paraíso a gente acha que está — a regra não vale para Aparecida do Norte e Juazeiro do Norte, pois se Deus fosse realmente brasileiro escolheria lugar melhor para fazer uma fezinha. Ah, sim, e viagem mística que se preze não pode ter cunho fanático, muito menos culto evangélico: tem que ser leve, algo que te conecte com o cosmos, talvez com um deus indiano cor-de-rosa ou um pajé, mas nunca com Jesus de Nazaré, afinal, ele (ok, Ele) já está nas pequenas coisas e não vai ligar se você rezar em casa ou na igrejinha do bairro. Já o pajé, bem, se não for até a fonte e bater o tambor, é vida que desanda...

Astrólogas são pagas para dizer ao cliente onde ele deve passar cada aniversário. E ai de quem não seguir. De todas a que fui, de todas a que meus amigos foram, nenhuma disse para ir logo ali, tipo Buenos Aires ou Aiuruoca: é sempre Varanasi, Ulan Bator, Shikoku... Se bem que certa vez mandaram uma conhecida para Viña del Mar, no Chile. E ela foi. Deve ter pago todos os pecados ali mesmo.

A mística por trás de uma viagem espiritual está justamente no poder quase que sobrenatural de desapego, pois a lei número 1 de todo e qualquer roteiro místico é o sufoco. Não bastasse toda viagem rumo ao exterior para nós, brasileiros, ser uma peregrinação — escala, conexão, imigração, horas a fio enlatado dentro de um avião —, ainda temos que lidar com as surpresas que um destino esotérico nos reserva, dos preços exorbitantes cobrados por uma simples garrafa d'água (afinal, não é qualquer água que se vende ali, mas uma água batizada pelo poder sagrado da fonte que um dia algum deus bebeu e gostou) ao excesso de contingente humano que nunca cabe na estrutura oferecida pelo lugar — toda cidade sagrada é necessariamente ou pequena ou pobre e, claro, sempre muito longe. Sem contar que, antes de sentir a presença de Deus, você vai sentir, na pele, a presença de um guia bilíngue que fala um inglês quase tribal, pior que o das comissárias da Gol, ou de alguém fantasiado de supremo, dizendo ter visto algo ou alguma coisa na sua aura que, logicamente, está da cor do apocalipse.

É raríssimo encontrar um viajante solitário em terras santas, a menos que seja um pagador de promessas ou, quem sabe, um pequeno buda a caminho da limpeza espiritual. Geralmente, viagens a lugares sagrados são realizadas em excursões gigantescas, com pessoas variando de 50 anos a datas inconclusivas que nem carbono 14 revela. Portanto, se for o caso de se meter numa dessas — viagens, não excursões —, lembre-se de pôr em prática tudo o que seu amigo viveu na teoria, aquele que voltou outra pessoa depois de passar uma semana no curso de meditação relâmpago do Osho.

Primeiramente, internalize seus sentimentos e jamais deixe transparecer seu desconforto diante do exercício da fé alheia. É difícil não se incomodar com gritos, choros e orações que ~~contaminam~~ contagiam o ambiente; é humanamente impossível não se deixar levar pelo desespero alheio. Se Deus está vendo, certamente está escutando e lendo seus pensamentos, mas isso não quer dizer que você precise sublimar seus sentimentos, só não deve expressá-los. Vai passar. É um exercício de autocontrole, lembre-se sempre de que o inferno são os outros. Se estiver a ponto de extravasar, tente o autoflagelo.

A Bíblia ainda é o melhor roteiro de viagem já escrito no mundo. Está tudo ali: mares pacíficos, desertos intocados, montanhas divinas, rios misteriosos, povoados idílicos... Vale a pena seguir os trajetos um dia trilhados pelos personagens do maior best-seller da história, mas não se engane: ninguém volta melhor apenas pelo fato de pisar nos mesmos lugares que João, José, Jeremias, Janete (tem Janete?), Caim, Abel e Paulo Coelho.

Jerusalém é um reality show do Novo Testamento, com performances e personagens ao vivo e em cores dando "tudo de si". Logo ao chegar, o visitante é abordado por um exército de "Jesuses" montados em burricos. Milagre da multiplicação: em cinco minutos, um ônibus abarrotado de coreanos (mas esse povo não é budista, caramba?) chega para animar a festa — e os filhos de Maria cover agradecem a Deus pela graça alcançada. Graça, não: 10 dólares por cada foto com vista integral para a Terra Santa. Lá longe. A via-crúcis tem a largura de um quadril feminino avantajado e nela sobem milhares de pessoas ao mesmo tempo, carregando paus de selfie na mão e cruzes nas costas do mesmo tamanho que um dia Jesus teria carregado. Certa vez, um grupo de fiéis japoneses (mas esse povo não é budista, caramba?) subiu, quer dizer, atropelou quem subia a "Dolorosa" numa boa. Dizem que Jerusalém tem uma "energia" que deixa qualquer coisa dentro doida. E tem, mas vai além do entendimento. É gente demais, de religião demais, achando tudo sagrado demais. No fim das contas, ninguém se entende e todo mundo sai, glup, energeticamente exausto da visita.

Até hoje o surto catártico de uma turista, provavelmente italiana, ecoa nos meus ouvidos. Esta, ao adentrar a igreja do Santo Sepulcro, pareceu ter visto algo do além e começou a evoluir à moda de Carrie, a Estranha. Fiquei catatônico, catei meu cordãozinho, que esperava sua hora de ser benzido sobre o mármore em que, talvez, Jesus tenha sido lavado antes de partir dessa para uma melhor, e parti. Aliviado como quem vive livre de todo mal, amém.

* * *

A fila para entrar no Vaticano não é coisa de Deus.

* * *

As cidades pré-colombianas de Teotihuacan e Chichén Itzá, no México, perderam tudo quanto é mais sagrado depois que os ambulantes passaram a vender aos pés de suas pirâmides bugigangas que fariam qualquer asteca levantar da tumba e todo maia relançar um novo calendário com data, desta vez definitiva, para o fim do mundo. Se bem que já acabou faz tempo em alguns lugares. Quem já foi a Angkor Wat, no Camboja, sabe que já era.

Índia é uma boa ideia, mas na prática é um Krishna nos acuda. Lotada, imunda, quente, úmida... As massagens milagrosas, os cânticos curadores, os retiros de ioga são ótimos da porta do hotel (cinco estrelas) para dentro. Lá fora, na Índia nua e crua, o buraco é mais embaixo. Tão baixo que ninguém desce. O caminho da purificação e equilíbrio pode estar onde você menos imagina — quem sabe no spa urbano da sua cidade? Você não precisa, mesmo, se banhar no Ganges ou meditar em Rishikesh para chegar aonde todo mundo quer chegar: na paz e no amor sem adjetivos ou, claro, aditivos.

Fátima, em Portugal; Lourdes, na França; e Medjugorje, na Bósnia Her-ze-go-vi-na, onde a Santíssima Virgem teria aparecido algumas vezes, não são muito diferentes das cidades do interior de São Paulo onde a mesma Virgem, dizem, marcou presença também e ainda chorou óleo de rosas. Não gaste seu dinheiro sagrado ajoelhando por lá, pois, de novo, se Deus está vendo, ele também está escutando e lendo seus pensamentos — vai que ele descobre que você voltou de uma viagem mística com o mesmo espírito de quem foi a Disney?

O caminho de Santiago de Compostela e a Trilha Inca, que leva a Machu Picchu, não são para qualquer um. Imagina ter de bancar o andarilho e ainda por cima levar tudo de que precisa numa mochila? Para quem ainda despacha duas malas de 32 kg, não se trata de desapego, mas de abandono. Para duros e solitários, eis duas ótimas viagens que você pode fazer sem que ninguém te olhe torto achando que só Jesus te ama e mais ninguém. Aos que chegam a Machu Picchu pela trilha, depois de 45 quilômetros subindo e descendo cordilheira, a certeza de que muitas vezes o percurso é mais especial que o destino: a pérola do império inca, hoje, mesmo com capacidade máxima de 2 mil visitantes/dia, é um mafuá de gente. Exércitos de japoneses e americanos da quarta idade, munidos de seus cajados, não só atrapalham o fluxo entre as ruínas, mas entendem que até no alto e longe de suas casas e ruas têm prioridade para passar à frente. Sem olhar para trás, eles vão adiante promovendo um engarrafamento humano que faz você se sentir na saída da estação de metrô da Times Square. Aliás, nunca desça na Times Square.

Destinos hippies são ótima pedida, pois eles sempre descobrem antes de todo mundo verdadeiros paraísos na Terra. Foi assim com Arraial d'Ajuda, Caraíva, Sana, Lumiar, Visconde de Mauá e Piracanga... Siga os bons, sempre vai haver uma praia ou uma cachoeira incrível, quase virgem, para ver. E aproveite porque é por tempo limitado, antes que sua amiga blogueira vá e conte para todo mundo. Para virar Saint-Tropez é um pulo. Ou melhor, um salto.

Abadiânia, no interior de Goiás, onde João de Deus faz suas cirurgias sem anestesias (e onde Judas perdeu as botas também), requer todo cuidado ao chegar. Não vá se não acreditar. Se for apenas para ficar bem na foto, prefira a Tailândia. Às vezes uma massagem no pé vale mais que uma mensagem do além.

11

Redes sociais: fatos e fotos, sexo casual, amizades e chuva de likes

Existe um mundo onde todos são realmente felizes, viajados, realizados, bem-sucedidos, adorados, ricos e famosos? Na real? Não, só no virtual. Então não se deixe abater pelo que se vê nas redes sociais, evite seguir (ou perseguir) perfis que vão fazê-lo se convencer de que sua vida, sua rotina, seus amigos, sua família, sua casa e seu cachorro são a verdadeira razão da sua crise existencial. Dado o primeiro passo, vamos ao segundo: desapareça do mundo on-line, não deixe rastros, não dê pistas nem paradeiro quando viajar.

Aproveite a temporada longe de casa e dos outros e esqueça a vida alheia e as notícias do Brasil — para que dificultar as coisas se a ordem é manter o mínimo de equilíbrio possível e o máximo de distância da sua realidade? Invente outra, comece uma vida nova, paralela, você está de férias de você mesmo, sem passado para condenar. Presente é tudo o que você tem na mão, certo? Então é hoje, é pra já. Amanhã, quem sabe?

Ok, não desapareça por completo. Mas faça uma faxina nas suas contas, excluindo todos aqueles que postam 1) pratos de comida, 2) selfies na academia, 3) looks do dia, 4) frases de incentivo, 5) vídeos de maus-tratos contra cachorros, 6) correntes de oração e, lógico, 7) cartão de embarque dentro do passaporte mostrando estar na executiva. Não vai sobrar muita coisa, mas vida que segue. E nada de ficar de hora em hora checando quantos coraçõezinhos você ganhou em cada foto publicada — likes como termômetro de popularidade tocam numa área delicada do ego. Obrigado, Kim Kardashian, por fazer todo mundo acreditar que a vida de cada um interessa aos outros.

**

Fotos: tocando no topo da pirâmide, na pontinha do Taj Mahal, "segurando" o sol com as mãos em forma de coração, nããão. Em vez disso, experimente um nu, sei lá, mas faça diferente. Sempre. E por que fazer foto com a mão fazendo sinal de positivo ou apontando o outro coleguinha do lado? O que acontece nessa hora em que a pessoa vai contorcendo os dedos até chegar ao "paz e amor" ou qualquer coisa do gênero? Ah, não sabe o que fazer com as mãos? Pega um cigarro, sei lá, uma garrafa de cerveja, enfia a mão no bolso.

***

Próximo passo: instale aplicativos de sexo, seja lá qual for o seu. Qualquer estrangeiro entre os locais é quase certeza de sucesso — todo mundo gosta de variar. E você, como visitante, olha que exótico!, pode variar bastante, sem culpa, sem medo de dar de cara com o vizinho, a ex do seu colega de trabalho, seu próprio ex, o ex do seu ex que você já pegou só de vingança. Bônus: crie e solte todas as fantasias, taras, tudo o que sempre quis fazer entre quatro paredes e não teve coragem/companhia. Invente um nome, uma história, um passado. Só não leve o personagem para a cama. E não se apaixone, não agora.

Cuidado, as aparências enganam. As fotos então... Tenha certeza de que todos os participantes de sex apps postaram fotos em seus melhores momentos de vida — e de corpo. Não sei o que aconteceu com eles desde aquele clique, mas na hora a surpresa pode ser indesejada. Se na real não for tudo aquilo que parecia no virtual, nem pense duas vezes: despache. Ou então, para não ter a viagem perdida, encare. Se não der química, vai na física mesmo. E, depois de se satisfazer, tchau.

Conversas pós-sexo com estranhos, ainda mais em outra língua, para quê?

Mas a conversa pode ser boa. E o sexo, péssimo — belas amizades nascem de uma trepada mal dada, por isso não descarte nada nem ninguém na primeira hora. E bem-vindo à nova era.

Aplicativos não podem eliminar a prática da caça à moda antiga. Vá para a rua, flerte, pisque o olho, siga, deixe-se seguir. Aventure-se. E aproveite a vantagem de que estrangeiros são menos excludentes no amor: vale gente meio feia, com um dente ou outro faltando lá atrás, nanica, fora do peso. Não que valha tudo, mas vale mais que por aqui.

Faça amigos soltos. E mantenha contato com eles mesmo depois de ter partido. Crie uma irmandade internacional, construa bases pelo mundo, faça de sua casa a casa deles e a recíproca será verdadeira. Amizades valem mais que namoros.

Aos amigos, tudo.

12

Dicas finais, economias e saídas pela tangente

Turista, por mais esperto que seja, é sempre uma vítima em potencial. Em alguns lugares mais (Rio de Janeiro, Marrakesh, Salvador, Buenos Aires e Las Vegas), outros menos (Zurique, Tel-Aviv, Cidade do Cabo e Cidade do México), mas o seu dinheiro, amigo viajante, é fonte de renda e salvação da lavoura — e, mais ainda, grana fácil de se ganhar. Não dá para relaxar tanto assim: é olhar para o alto e alguém vem por trás e dá o golpe baixo. Deu mole, o motorista de táxi, numa voltinha a mais, já garante um, dois dólares, e o vendedor de souvenir, o mesmo que é vendido loja atrás de loja, te faz um preço "camarada" que, no fim, é o dobro do pedido pelo comerciante mais à frente. É assim, de pouco em pouco mesmo, no oportunismo de curtíssimo prazo, que todo mané que se acha malandro se dá bem à sua custa. Fazer o quê?

Vivemos prestes a cair em armadilhas o tempo todo, é cansativo ter de barganhar, ficar atento se o motorista de táxi não optou por um caminho "alternativo", ficar de olho nos preços de coisas que, fora do circuito turístico, custariam menos da metade. Mas não tem muito jeito, não. O melhor a fazer é conhecer, custe o que custar, um morador local. Faça amizade, ofereça o corpo, prometa casa e comida quando ele for ao Brasil, dê um jeito, mas tenha ao alcance um nativo de sua confiança para te tirar das furadas — inclusive a maior de todas: viajar na época errada, seja alta temporada ou alto inverno. Viver nos extremos, não — já basta viver à beira de um ataque de nervos.

É óbvio, mas sempre bom reforçar: evite qualquer lugar orientado para casais em lua de mel e famílias, assim como viajar em período de férias escolares. Fuja de qualquer cidade ou praia europeia em agosto, por exemplo, época do turismo predatório e do calor de matar. Junho e julho são meses de altíssima temporada e a chance de você encontrar aquela turma que levanta a gola da camisa polo e respira Instagram é enorme. Quer gastar menos, ver mais e viver como os locais? Vá no fim de maio ou no fim de setembro, quando a temperatura já está mais amena, os preços mais realistas e os ânimos menos exaltados — e os brasileiros de que você tanto procura fugir, de volta ao lar.

***

Procure conhecer os cartões-postais durante a corrida matinal; afinal, para que ficar parado, horas, em frente a uma torre ou, sei lá, um lago ou aquela estátua de sereia em Copenhague? E o melhor de tudo é que turistas não acordam cedo, então está tudo lá só para você ver, ticar e vazar. Ah, você não corre? Hum, alugue uma bicicleta ou vá a pé — só não fique estático.

***

Ao viajar de trem, escolha o compartimento de silêncio, onde celulares são proibidos, famílias passam longe e adolescentes não suportam ficar nem dois minutos. Lá dentro, barulho só o do virar das páginas dos jornais.

***

Cigarros. Leve do Brasil para evitar pagar um absurdo por um maço, que na Europa, por exemplo, custa em torno de 7 euros, e em alguns lugares dos Estados Unidos, como Nova York, pode chegar a 15 dólares. Taí a única coisa que atualmente é muito mais barata em nosso país do que no resto do mundo — assim como o álcool. Pois, sim, tudo que é ilegal, imoral e engorda é quase de graça por aqui. E, sim, qual o problema de cigarro? Não gosta? Vai para o Wisconsin.

***

Álcool: esqueça. Ou beba para esquecer, mas compre no supermercado em vez de se soltar num boteco da esquina — afogar as mágoas, sim, mas economizando a qualquer preço. Beber na rua é uma fortuna, com exceção de Madri e Lisboa, onde quase toda portinha vende cervejas e copos de bom tinto a 1 euro. Vinho é sempre a melhor opção, o amigo engarrafado na hora da solidão e para quando bate aquela saudade do lar, do mar e do bar. Repare o que os consumidores locais colocam no carrinho (franceses e italianos, por exemplo, jamais gastam mais de 9 euros numa garrafa e não bebem qualquer coisa, não — já ingleses, no geral, até vinagre entornam) e leve o mesmo que eles. Ou apele para o aplicativo Vivino; ao fotografar o rótulo, você tem a média de preço e o ranking de qualidade do vinho escolhido. Funciona, mas cuidado com os reviews que falam maravilhas — quase nunca correspondem à verdade; a mesma regra vale para comentários deixados no TripAdvisor, mural de recados de viajantes muito felizes e com pouco critério.

***

Compre a sua passagem às terças-feiras, quando as companhias aéreas graúdas reduzem os preços para competir com as low cost. Mas, antes, entre no site (ou baixe o app, muito melhor, sempre) Hopper para ter uma ideia de quanto custa em média uma passagem aérea para o seu destino na época escolhida.

***

Viajar de navio é para os fortes. E cruzeiro não combina com solteiro — para que embarcar numa furada se a sua canoa já está quase a virar, olê olê olá? Mas, caso você resolva atravessar o Atlântico, que ao menos seja com emoção: procure o site Freighter Cruises e embarque num navio de carga. Preços ótimos, conforto nem tanto — mas, para quem não liga em dividir o banheiro com doze andarilhos, até que passar uma semana em alto-mar, sozinho e sem internet, é uma gotinha no oceano no meio de tanto sufoco, não?

***

Ambulantes estão estrategicamente posicionados nos pontos turísticos mais visitados e no epicentro de toda crise familiar, quando filhos não aguentam mais de fome e os pais, de sede ou cansaço. É nessa hora que eles surgem vendendo sanduíches e água a preços estratosféricos — e é claro que todo mundo cai na armadilha; afinal, o que são 2 euros a mais numa garrafa de Evian para quem daria fortunas para ver a criança quieta? Você, que não precisa estar nem perto da cena e, muito menos, deixar para comer ou beber quando estiver à beira da inanição, calma nessa hora: sempre, numa rua de trás, coisa de 3 metros para um lado e para o outro, a mesma água e um sanduíche muito melhor saem pela metade do preço. Não se trata de economia porca, mas de não ser passado pra trás — uma constante de qualquer viajante.

***

Jamais use telefone do Brasil no exterior. Arranque o chip logo ao chegar, pegue um número local (seu WhatsApp será mantido com o número original) e pronto — um 3G a todo vapor é o seu GPS no meio da rua. Aproveite que você está fora e viva os prazeres de ter um telefone com serviço normal. Eu disse normal, apenas isso.

***

Pacotes de viagem com excursão só funcionam para idosos ou medrosos — você não precisa falar a língua local nem de um guia para se divertir, conhecer a cidade ou se sentir seguro, fora que nada pode ser mais agravante para a sua crise existencial do que entrar num grupo no qual tudo que você tem em comum com os demais é a conta bancária perigosa. Mas há como tirar um bom proveito deles (dos pacotes e não das pessoas): ao escolher um, você não só parcela a viagem em muitas vezes sem juros, como também consegue bons preços — agências costumam ter parcerias com hotéis low budget e companhias aéreas. Aproveite, mas não precisa acompanhar a programação — afinal, você só vai se lembrar de ter passado em todos aqueles lugares porque alguém fez uma foto a seu pedido. Compre o pacote, sim, mas use apenas a passagem — livre-se imediatamente do boné, da bolsa térmica, do porta-passaporte e da camiseta que vêm de brinde. Aliás, qual a utilidade de um porta-passaporte?

Se a ideia é rodar, se organize para passar um fim de semana em cada cidade a ser visitada — sextas e sábados são uma injeção de ânimo para espíritos menos, como dizer?, entusiasmados como o seu. E nunca chegue num domingo, quando todos parecem ocupados demais com a própria felicidade, no aconchego do lar, longe da rua. A não ser que você vá para Berlim, onde todos os jovens grafiteiros e duros se reúnem nos parques para cantar e brindar à dureza e à sociedade alternativa — mas, quando a coisa aperta, eles ligam para o pai e pedem que adiante a mesada.

Se for chegar durante a semana, evite a hora do rush — em vez da sua mala, é você quem corre o risco de ser extraviado. E, por falar em mala, lembre-se para todo o sempre de que uma pequena, com rodinhas, que caiba em compartimentos superiores ou ônibus e trens, que sobreviva ao sobe e desce de escadas em estações de metrô, é sempre a melhor solução. Já falamos sobre isso, mas vale repetir: para que carregar o mundo se você só precisa do essencial? Camisetas brancas, um jeans, um tênis, calcinhas ou cuecas e foi. Casacos entram na lista obviamente em viagens durante invernos rigorosos, mas use apenas um que resolva o seu problema e que seja fácil de tirar ao entrar no metrô e em ambientes fechados onde haja calefação. Nada de efeito cebola, vestido em camadas — antes de ser feio, é pouco prático. Ninguém dá a mínima para o que você veste, a não ser no Brasil. Simplifique, viagem não é desfile!

Em estações de trem e aeroportos, procure pelas lanchonetes de rede para não cair na furada de pagar o preço de uma garrafa de whisky por uma salada anêmica de estabelecimentos desconhecidos que só existem nos terminais (como não se lembrar dos quiosques horrendos do Galeão que vendem, a R$ 45, um sanduíche light de pão branco afogado no requeijão?).

Você sabe a luta que é para encontrar um WC livre e solto pelo mundo, e que em alguns lugares ele só abre com uma senha que é gerada na nota fiscal do produto comprado no estabelecimento. Dica de como aplicar o jeitinho brasileiro ao episódio: siga o(a) coleguinha e espere sua saída do banheiro. Entre antes que a porta se feche, caso contrário você terá de comprar qualquer coisa para, então, ganhar uma senha. Isso sim é uma economia porca. Basta entrar em um dos reservados para concordar comigo.

Sempre tenha moedas e notas baixas. Cem euros, para um motorista de táxi, é a pior maneira de se sentir bem-vindo. E, no seu último dia no país, pegue todos os trocados e dê aos moradores de rua. Não é nada, não é nada — não é quase nada mesmo, o que vale é a ação.

✳✳✳

Lembro a primeira vez que viajei sozinho na vida, sem roteiro definido e sem previsão de retorno: tinha 3 anos de idade, peguei o velocípede e cruzei todo o bairro de Vila Isabel, Zona Norte do Rio de Janeiro, onde nasci e cresci. Fui encontrado algumas horas depois (filho de pais hippies se viram desde o berçário, providência divina), com um sorriso que talvez seja o mesmo de agora, quando sento na poltrona do avião e, de olhos fechados, me imagino a bordo do meu velho velocípede de rodas verdes e carroceria laranja, tão desconfortável quanto o assento da econômica, pronto para decolar rumo ao desconhecido, o surpreendente, o surreal, o inesquecível. É tudo isso que, acompanhado, você talvez tenha que dividir, explicar, rezar para que a pessoa ao lado entenda ou alcance as idiossincrasias e epifanias que possam vir a sua cabeça.

Nunca encontrei um guia à altura de meus anseios turísticos. Na verdade, nunca quis ser guiado por ninguém, livro ou gente, seja amigo ou agente, assim como nunca quis me fazer ou deixar passar por turista. Sempre preferi ser viajante. E existe uma diferença brutal entre uma coisa e outra, muito embora por aí tratem ambos os substantivos como sinônimos. Pelo contrário, no sentido literal da palavra, são antônimos tão antagônicos quanto Madri e Barcelona, Nova York e Los Angeles, Galeão e Heathrow.

Eu tinha pouco mais de 6 anos quando abri um Atlas pela primeira vez. Livro da minha altura, de um metro e pouco, capa de couro marfim com as letras Barsa em baixo-relevo, gravadas em dourado (sim, cresci na companhia da *Encyclopædia Britannica*). Edição de luxo, diriam hoje. Mas naquela época, fim de 1970, tratava-se apenas de um simples fascículo obrigatório do grande compêndio de variedades, e que só por isso merecia lugar de destaque na sala.

Não tínhamos dinheiro/espaço para construir uma biblioteca à moda inglesa. Éramos básicos, e tratávamos nosso acervo literário mais como comida do que como mobiliário. E assim devoramos tudo o que passou pela pequena estante da casa, de gibis a Machado de Assis — e um pouco de revistas também.

Eu debruçado sobre o gigante, folheando página por página, maravilhado com os contornos de mar e terra, as sinuosidades dos rios e as nervuras das cadeias de montanha que recheavam os mapas. Eram folhas com riscos já prontos, mas que eu não demoraria muito a pintar com hidrocor e crayon e, assim, criar meu próprio mundo. O que fiz, de maneira inconsciente, foi traçar roteiros que hoje tenho a chance de percorrer.

Dia desses, ao chegar em casa depois de mais uma viagem, reabri o Grande Atlas. Estava tudo lá como deixei há mais de trinta anos, colorido de canetinha. A Europa marrom, o Brasil verde, as estradas em vermelho, setas em laranja ligando cidades e cruzando mares. No alto da página, havia operações matemáticas de somar e multiplicar; eram as minhas primeiras economias para a primeira grande viagem. Do que deu para juntar, consegui pegar um ônibus com a Dulcineia, que trabalhava lá em casa (paguei a passagem dela), para visitar a minha avó em Copacabana e comer um quibe com guaraná caçulinha na Baalbek antes de voltar para casa. Nunca deixei de fazer nada por falta de dinheiro.

Este livro foi composto na tipologia Sabon
LT Std, em corpo 10/16, e impresso em
papel off-white no Sistema Cameron da
Divisão Gráfica da Distribuidora Record.